El impacto de las emociones: disfrute y ansiedad en el aprendizaje del español como lengua extranjera

EDITORIAL
UNIVERSIDAD DE SEVILLA

Calidad en
Edición
Académica

Academic
Publishing
Quality

COLECCIONES

Avalado por ANECA FECYT   Promovido por une

Colección Lingüística

Odette Sama Olivares
Irini Mavrou

El impacto de las emociones:
disfrute y ansiedad en el aprendizaje del español como lengua extranjera

EDITORIAL
UNIVERSIDAD DE SEVILLA

Sevilla 2025

Colección Lingüística
Núm.: 96

© Editorial Universidad de Sevilla 2025
   Porvenir, 27 - 41013 Sevilla
   Tfnos.: 954 487 447; 954 487 451
   Correo electrónico: info-eus@us.es
   Web: https://editorial.us.es

© Odette Sama Olivares e Irini Mavrou 2025

Impreso en papel ecológico
Impreso en España-Printed in Spain

ISBN: 978-84-472-2671-9
Depósito Legal: SE 3124-2025

Diseño de cubierta: notanumber
Maquetación y realización de cubierta: Dosgraphic (dosgraphic@dosgraphic.es)
Impresión: Podiprint

Índice

Introducción

En el aula de lenguas extranjeras, en general, y del español como lengua extranjera, en particular, resuena una pregunta del profesor y en demasiadas ocasiones se hace un silencio sepulcral. Otras veces se escucha a un alumno decir «lo siento, me he quedado en blanco»; o sencillamente, al recorrer la clase con la mirada, los estudiantes evitan el contacto visual con el docente, ya que creen que esto implicaría tener que contestar a la pregunta formulada. Incluso algunos alumnos que conocen la respuesta evitan participar. Ante esta situación, cabe pensar que los estudiantes que aprenden un idioma extranjero, al parecer, tienen miedo a hablar. Pero lo que ellos no saben es la inseguridad y la angustia que su silencio puede provocar en nosotros, los profesores.

Estas situaciones, que como decíamos se repiten con mucha frecuencia, ponen de manifiesto que tanto el miedo, como la ansiedad o el nerviosismo son algunas de las emociones presentes en la clase de lengua extranjera. Afortunadamente, también lo están el disfrute, la alegría o la satisfacción: emociones que experimentan tanto los alumnos como los docentes. A pesar de su evidente presencia en las clases de segundas lenguas (L2) o lenguas extranjeras, las emociones durante mucho tiempo permanecieron marginadas por la investigación en el área de la lingüística aplicada, pero en la actualidad su estudio es una de sus líneas más prolíficas, y varias investigaciones han documentado el valor pedagógico que un profundo conocimiento de las dinámicas y estados emocionales podría tener en las aulas (Dewaele y Dewaele 2017; Dewaele y MacIntyre 2019; MacIntyre, Gregersen y Mercer 2019; Piniel y Albert 2018). Aunque la emoción más estudiada ha sido la ansiedad, con la llegada de la psicología positiva se ha ampliado el espectro a la investigación de las emociones positivas. Como consecuencia, el tándem emocional más estudiado hasta ahora es el formado por el disfrute y la ansiedad (Dewaele y Alfawzan 2018; Dewaele y MacIntyre 2016; Jiang y Dewaele 2019). Partiendo del estudio simultáneo de estas dos emociones, los hallazgos encontrados por los investigadores han ayudado a describir y caracterizar el panorama emocional en diferentes contextos.

No obstante, hasta donde se conoce, en Noruega no se han realizado investigaciones de este tipo. Por esta razón, y ante la necesidad de conocer el estado emocional de los alumnos en este contexto, el presente trabajo investiga las experiencias de disfrute (*foreign language enjoyment*; FLE) y ansiedad (*foreign language classroom anxiety*; FLCA) de un grupo de discentes noruegos de bachillerato que estudian español como lengua extranjera. En aras de cumplir con este propósito se plantearon los siguientes objetivos:

— Investigar qué emoción, ansiedad o disfrute, experimenta más un grupo de aprendientes noruegos de español como lengua extranjera que cursan el bachillerato.

— Establecer si existe un vínculo entre ansiedad y disfrute en ese grupo de discentes noruegos de español como lengua extranjera.

— Identificar las fuentes de disfrute y de ansiedad en los episodios narrados por los participantes sobre su experiencia en el aprendizaje de español como lengua extranjera.

— Examinar cómo perciben los estudiantes la influencia de los profesores en los episodios de ansiedad y disfrute en la clase de lengua extranjera.

La consecución de estos objetivos se ha realizado a través del presente estudio empírico, que se estructura de la siguiente manera. El capítulo 1 presenta el marco teórico donde se recoge una breve retrospectiva del estudio de las emociones, así como conceptos y definiciones relevantes para el contexto de la investigación actual. Asimismo, se exponen las teorías de la psicología positiva de las que se sirve la lingüística aplicada y, por consiguiente, nuestro trabajo. En el capítulo 2 se hace un recorrido por los estudios afines, incidiendo en los principales hallazgos de estos y las líneas de investigación que dejan abiertas. El capítulo 3 comprende la metodología usada para la realización del estudio empírico, introduce las preguntas de investigación y describe la metodología, el contexto del estudio, el perfil de los participantes y la herramienta de recogida de datos. En el capítulo 4 se exponen los resultados, tanto cualitativos como cuantitativos, que se derivan de los análisis realizados, mientras que el capítulo 5 discute estos resultados tomando en cuenta las investigaciones afines y el marco teórico. El último capítulo recoge las conclusiones que se han alcanzado mediante el presente trabajo, resume sus principales aportes y las líneas de investigación que deja abiertas, así como las implicaciones pedagógicas de esta y sus limitaciones.

Capítulo 1

Fundamentos teóricos sobre la ansiedad y el disfrute

Las emociones habían sido tradicionalmente apartadas por la ciencia a lo largo de los años. Sin embargo, en las últimas décadas, la evidencia de que juegan un papel fundamental en el aprendizaje de una L2 ha despertado el interés de los investigadores. En el presente capítulo se exponen algunos de los fundamentos teóricos que sustentan el estudio de las emociones. Concretamente, se abordarán diferentes perspectivas teóricas desde donde se han investigado la ansiedad y el disfrute, las emociones más estudiadas actualmente por la ciencia en materia de lingüística aplicada (Boudreau, Dewaele y MacIntyre 2018; Dewaele *et al.* 2018; Dewaele, Franco Magdalena y Saito 2019; Li 2020). Asimismo, se mostrará su vínculo con la psicología positiva, las teorías fundamentales aplicables en la investigación de la lingüística aplicada en materia de emociones, la evolución del estudio de las emociones dentro de los preceptos de estas teorías y ciertas críticas recibidas por algunos investigadores. Finalmente, se comentará sobre el papel de los profesores como fuente de disfrute o ansiedad y la importancia de las percepciones de los alumnos acerca del rol de los docentes en el proceso de aprendizaje de una L2.

1.1. Antecedentes históricos: de la cognición a la emoción

Todos tenemos dos mentes. Una de ellas es la mente racional, que comprende y de la que solemos ser conscientes, es la parte más perspicaz, más pensativa, capaz de ponderar y de reflexionar; el otro tipo de conocimiento, más impulsivo y poderoso –aunque a veces ilógico–, es el cerebro emocional (Goleman 1996). En los últimos años, muchas investigaciones en el terreno de la lingüística se centran en cómo los sentimientos afectan a la percepción, la comunicación, la memoria o la toma de decisiones, entre otros procesos cognitivos. Cognición y emoción, al parecer, se consideran partes de un todo para explicar algunas de las incógnitas que rodean al proceso de aprendizaje de una L2 (Horwitz, Horwitz y Cope 1986; MacIntyre 2002).

Ahora bien, la cognición y la emoción no siempre han sido igualmente importantes para el estudio de este complejo proceso. Swain (2013) brinda algunas pistas de por qué la cognición ha prevalecido sobre la emoción a lo largo de la historia. El investigador se remonta a Sócrates, quien insistió en la búsqueda de la razón. El filósofo, a pesar de verse obligado a reconocer la existencia de las emociones y su relación a menudo negativa con la razón, fue precursor de un pensamiento que condujo a un conflicto entre la razón y la emoción. Ya con Descartes, en el siglo XVII, esta diferencia se definió con más fuerza, y nuevamente durante la Ilustración (Schutz y Decuir 2002). El nacimiento del racionalismo, apunta Swain (2013), separó la cognición de la emoción y las puso en conflicto. Con estos antecedentes, ya a finales de los 60 y principios de los 70 del siglo XX, comienza a desarrollarse el estudio de la adquisición de L2 como una disciplina que se origina a partir del conductismo (en psicología) y del estructuralismo (en lingüística), corrientes que no incluyeron en su hacer el estudio de las emociones. Chomsky (1959), por su parte, mantuvo la brecha entre cognición y emoción. Su modelo racionalista-innatista defendía que el lenguaje es producto de un proceso netamente cognitivo, a través de una facultad innata que posee la mente humana, dejando al margen a las emociones.

A este preámbulo de acontecimientos históricos hay que añadir, según Swain (2013), la dificultad que ha entrañado la medición de las emociones como una posible razón por la cual la ciencia no le prestó demasiado interés al tema durante mucho tiempo. De igual manera, Ross (2015) argumenta que una explicación convincente a tal descuido en la investigación de las emociones podría ser que, por naturaleza, son una categoría de conceptos altamente subjetiva y no son fácilmente observables, lo que entraña la dificultad para medirlas.

Con el paso de los años, la evolución del pensamiento científico le ha dado al estudio de las emociones el lugar que le corresponde. Emoción y cognición son procesos neuronales interconectados y la ciencia se ha encargado de demostrarlo. Como apunta Schumann (1994: 231), «the brain is the seat of cognition […] in the brain, affect and cognition are distinguishable but inseparable». Hulstijn (2007), por su parte, expone la necesidad de investigar el proceso de aprendizaje desde el trabajo conjunto de varias disciplinas que estudien el proceso de adquisición de conocimientos como un todo.

> Ultimately, language learning is a matter of biology and chemistry, implemented in the brain. To explain why and how the human brain is capable of representing and processing linguistic information, to define and describe the fundamental mechanisms of language acquisition in terms of the representation and processing of linguistic

cognition, linguists and psychologists have to work together on the mind-side of the mind/brain coin (Hulstijn 2007: 200).

Conviene subrayar que, en relación con los contextos educativos, es especialmente importante tener en cuenta que las emociones, el pensamiento y el aprendizaje están indisolublemente ligados. Al respecto, LeDoux (1996) distingue dos áreas de actividad que están directamente afectadas por las emociones: la atención y la creación de significado, ambas fundamentales en el aprendizaje. Como señala LeDoux (1996), el cerebro recibe tantos estímulos que filtra los datos de mayor interés. Para captar la atención y lograr que se lleve a cabo el aprendizaje, el cerebro necesita vincular la información que recibe con una experiencia significativa. Una de las maneras de conseguirlo es a través de las emociones, ya que permiten potenciar la adquisición de conocimiento. Esto es el resultado de un proceso neurobiológico como consecuencia de reacciones químicas cerebrales. Damasio (2006) y Phelps (2006) explican que las regiones del cerebro encargadas de detectar y procesar estímulos emocionales están estrechamente vinculadas con las áreas donde se almacenan las memorias. A medida que se experimentan las emociones, se liberan neuroquímicos que activan el cerebro y dan paso a los recuerdos (Arnold 2011; véase también Arnold y Foncubierta 2019).

En la actualidad, los investigadores han dejado de subestimar las experiencias emocionales y han comenzado a tomar en cuenta los aportes de la neurociencia y de otras disciplinas en materia de emociones. Sin embargo, muchos reconocen el vacío científico que hubo con respecto al estudio de las emociones durante mucho tiempo. Scovel (2001) afirmó que las variables afectivas fueron el área que los investigadores de L2 comprendían menos. Dewaele (2010) expuso que el afecto y la emoción habían recibido relativamente poca atención en las investigaciones sobre la adquisición de un segundo idioma.

Superada la fase de olvido de las emociones, desde finales del siglo pasado los científicos comenzaron a profundizar y a adentrarse en la investigación del tema desde distintas perspectivas. Como resultado, se incluyeron nuevos marcos teóricos y áreas de trabajo (Arnold y Brown 1999; Dewaele 2010; Gardner 1985; MacIntyre y Legatto 2011). En otras palabras, comenzó el despertar del estudio de las emociones que trajo consigo un cambio sustancial en los temas de investigación y en la práctica de la enseñanza y del aprendizaje de idiomas. Hace años, Pavlenko (2013), afirmaba que habían sido testigos de «un giro afectivo» que había transformado y ampliado drásticamente el alcance de la investigación sobre el papel del afecto en la adquisición de un segundo idioma. Como resultado, los lingüistas, a nivel conceptual y práctico, se han adentrado en el mundo de las emociones. A continuación, haremos un recorrido por algunas de las definiciones de emoción que, a nuestro juicio, son más relevantes en el marco de la lingüística aplicada.

1.2. Definición de emoción

Algunas de las características distintivas de las emociones, mencionadas anteriormente, son su carácter subjetivo y la dificultad para ser medidas. Estas peculiaridades han marcado también la falta de consenso, tanto entre los psicólogos como entre los lingüistas, para llegar a una definición de la emoción.

Scovel (1978: 131), uno de los primeros expertos en emociones de L2, definió el afecto (con frecuencia empleado como sinónimo de emoción) como un sentimiento «de placer y de desagrado» al realizar tareas de aprendizaje en un segundo idioma que activaban el sistema límbico e influían en el aprendizaje. Por su parte, Schumann (1994) señaló que la emoción regula la cognición en el procesamiento de los estímulos cuando se aprende un idioma extranjero, lo que incluye, además, a la atención y a la memoria. Para Shao, Pekrun y Nicholson (2019), de quienes citaremos su propia definición de emoción más delante en esta sección, el término emoción ha sido empleado por muchos autores para denotar un amplio espectro de nociones o conceptos, incluyendo las actitudes, la motivación, la personalidad, la autoeficacia, el afecto, los intereses, las orientaciones de objetivos, las creencias, los estilos cognitivos y las estrategias de aprendizaje.

Aunque todas las anteriores definiciones describen, con bastante acierto, diferentes aspectos de las emociones, ninguna se refiere al componente social implícito en las emociones, que es clave en todo proceso de aprendizaje, pero que puede ser aún más significativo en el aprendizaje de L2. En ese sentido, Manstead (1991) apuntaba que las emociones son un vehículo para comunicar los sentimientos a los demás, por lo que cumplen una función social. Asimismo, las emociones influyen en la forma en que las personas establecen y mantienen el contacto con su entorno. Piniel y Albert (2018) exponen que las emociones ayudan en la adaptación del entorno físico y social, asegurando la supervivencia. Tomando emoción y cognición como un binomio interdependiente e inseparable, Swain (2013) parte de los preceptos de Vygotsky para exponer que la fuente del significado, tanto de la emoción como de la cognición, es social y cultural. Dicho significado se va construyendo en la medida en que transcurren los procesos de aprendizaje de un idioma. Shao, Pekrun y Nicholson (2019), desde una perspectiva también sociocultural, definieron las emociones presentes en la adquisición de un idioma extranjero en el aula como experiencias afectivas que se relacionan con las actividades de aprendizaje de idiomas y con los resultados de dicho aprendizaje. Además, expusieron que es un proceso dinámico que está determinado por las valoraciones de las tareas de aprendizaje de un segundo idioma configuradas socioculturalmente. Si bien es cierto que, en el marco de las definiciones anteriores, las emociones son vistas desde una perspectiva social y más global, en ninguna se hace referencia a la coexistencia de emociones, a su naturaleza transitoria, y solo en la ofrecida por

Shao, Pekrun y Nicholson (2019) se manifiesta el carácter dinámico de estas. Por estas razones, en el presente trabajo compartimos la visión de MacIntyre y Gregersen (2012), que a continuación expondremos.

Para desarrollar el concepto de emoción, MacIntyre y Gregersen (2012: 194) partieron de la definición ofrecida por Reeve (2018), quien afirmó que las emociones son «sentimientos efímeros, de excitación, propósito y expresión» que nos ayudan a adaptarnos a las oportunidades y desafíos que enfrentamos durante los eventos importantes de la vida. El componente del sentimiento refleja la experiencia subjetiva que tan a menudo equiparamos con la emoción. En cuanto al segundo elemento, la excitación, se han encontrado patrones de respuestas físicas que acompañan a determinadas emociones como, por ejemplo, cuando las pulsaciones aumentan por la ansiedad. MacIntyre y Gregersen (2012), como tercer componente de la definición de la emoción, presentan el propósito, que significa que las emociones se orientan hacia un objetivo. Este hecho, que los autores definen como el poder de ampliación positiva de la imaginación, facilita el aprendizaje de idiomas. Por último, la expresión confiere a la emoción su dimensión social y comunicativa. Los investigadores citan como ejemplo las expresiones faciales involuntarias (no aprendidas); estas se asocian a emociones universales y tienden a ser fáciles de interpretar. Ahora bien, según MacIntyre y Gregersen (2012), las emociones son mucho más que el sumatorio de sentimientos, excitación, propósito y expresión. Las emociones son fruto de la integración de estos cuatro elementos de la experiencia humana. Interactúan entre sí y se manifiestan a través de una serie de procesos que se activan en diferentes situaciones.

Hay que mencionar que las emociones son un sistema abierto, ya que pueden verse en gran medida influenciadas por una serie de factores externos o internos, incluidos los rasgos de personalidad, los medicamentos psicoactivos, el cansancio por falta de sueño, los pensamientos relacionados con uno mismo, los recuerdos felices o tristes, otras emociones internas y unas ciertas relaciones interpersonales, sociales, culturales y contextuales (Boudreau, Dewaele y MacIntyre 2018: 245). Por razones de espacio, solo algunas de estas posibles influencias se tomarán en cuenta a la hora de valorar nuestros resultados y de llegar a posibles conclusiones.

1.3. Ansiedad

Si bien es cierto que el papel de la ansiedad en el estudio de lenguas extranjeras es un tema algo controvertido (aspecto que trataremos en la siguiente sección), en torno a la definición de ansiedad existe cierto consenso. Horwitz, Horwitz y Cope (1986), en un trabajo pionero sobre la ansiedad en la clase de lenguas extranjeras, expusieron que existe una ansiedad específica asociada al estudio de un idioma:

la ansiedad lingüística. Los autores definieron esta ansiedad como un complejo constructo que engloba autopercepciones, creencias, sentimientos y comportamientos relacionados con el aprendizaje de lenguas en el aula, que surge de la particularidad del proceso de aprendizaje de idiomas. Según los investigadores, esta ansiedad nace de la falta de madurez en las habilidades comunicativas que presentan los aprendientes en la L2.

> As an individual's communication attempts will be evaluated according to uncertain or even unknown linguistic and socio-cultural standards, second language communication entails risk-taking and is necessarily problematic. Because complex and nonspontaneous mental operations are required in order to communicate at all, any performance in the L2 is likely to challenge an individual's self-concept as a competent communicator and lead to reticence, self consciousness, fear, or even panic (Horwitz, Horwitz y Cope 1986: 128).

De acuerdo con MacIntyre y Gregersen (2012), la ansiedad lingüística es un concepto que abarca los sentimientos de preocupación y las emociones negativas relacionadas con el miedo y que se asocian al aprendizaje o al uso de un idioma que no es la lengua materna de un individuo. La ansiedad por el idioma extranjero es una emoción debilitante que está específicamente relacionada con el entorno de aprendizaje de una lengua extranjera: afecta a los estudiantes de idiomas que sienten aprehensión por comunicarse en un idioma extranjero y que temen una evaluación negativa. Gregersen (2009) también apela a la autoestima de los estudiantes cuando en su definición de ansiedad lingüística plantea que hay alumnos que suelen comunicarse sin dificultades en su primera lengua (L1), pero parecen no creer ser capaces de comunicarse en una L2. La ansiedad hacia el aprendizaje de lenguas extranjeras puede aumentar por una autoevaluación excesiva, preocupaciones por un posible fracaso e inquietud por la opinión de los compañeros (Horwitz, Horwitz y Cope 1986). Todo esto lleva a los alumnos a desperdiciar la valiosa energía cognitiva necesaria para la realización de una tarea; así se interrumpe el procesamiento de la información y, como resultado, se ralentiza el desempeño y la adquisición de L2 (Dewaele y Al-Saraj 2013). Todas estas conceptualizaciones de la ansiedad señalan cómo esta emoción obstaculiza de alguna manera el proceso de aprendizaje. Este hecho fue corroborado por Botes, Dewaele y Greiff (2020a). Los investigadores, tras analizar 67 estudios que midieron la ansiedad en el aprendizaje de lenguas extranjeras, precisaron que todos encontraron una correlación negativa moderada entre ansiedad y leer, escribir, escuchar y hablar en L2.

Lo expuesto parece confirmar que la ansiedad es una emoción negativa y, de hecho, las investigaciones, incluido el presente estudio, la clasifican como tal. Sin embargo, existen algunos matices sobre posibles efectos positivos de la ansiedad que no se recogen en esta definición y que se mencionarán en la siguiente sección.

1.3.1. La medición de la ansiedad en el aprendizaje de lenguas extranjeras

Ante la dificultad que conlleva la medición de las emociones, nos parece importante incluir algunas consideraciones sobre el instrumento que será empleado en la presente investigación para la recogida de datos. Según Dewaele y Li (2020), la mayoría de los estudios que han investigado la ansiedad usan como herramienta *Foreign Language Classroom Anxiety Scale* (FLCAS) de Horwitz, Horwitz y Cope (1986). En su estudio, Horwitz, Horwitz y Cope (1986) no solo describieron la singularidad de la ansiedad frente a los idiomas extranjeros, sino que crearon un instrumento para medir la ansiedad en la clase de L2. FLCAS está compuesta por 33 ítems, cada uno de los cuales es calificado en una escala de Likert de cinco puntos que va desde 1 (totalmente de acuerdo) a 5 (totalmente en desacuerdo). Las puntuaciones totales de la escala fluctúan entre 33 y 165. Los autores integraron tres manifestaciones de la ansiedad del lenguaje: la ansiedad que generan los exámenes, el temor a la evaluación negativa y la aprensión a la comunicación. Según Horwitz (2010), esta relación se ha malinterpretado en el sentido de que FLCAS no está compuesta por las manifestaciones asociadas a la ansiedad antes mencionadas, simplemente está relacionada con estas.

La escala de medición de Horwitz, Horwitz y Cope (1986), a pesar de haber sido un instrumento muy utilizado, no ha estado exenta de críticas, sobre todo ante el hecho de que 20 de los 33 ítems que conforman FLCAS están centrados en la escucha de L2. En consecuencia, Sparks y Ganschow (1991), quienes aplicaron FCLAS en una investigación con 75 estudiantes universitarios en clases de introducción al español llegaron a la conclusión de que la escala midió habilidad lingüística más que ansiedad. Argumentaron que el instrumento no evaluaba si los estudiantes muy ansiosos tenían problemas de aprendizaje en su lengua materna o poca aptitud para el aprendizaje de L2. Asimismo, Rodríguez y Abreu (2003) realizaron un estudio con 110 futuros profesores de idiomas que se especializaban simultáneamente en inglés y francés en dos universidades occidentales en Venezuela. Los autores plantearon algunas importantes preocupaciones teóricas con respecto a la adecuación del uso de FLCAS para identificar aspectos del aprendizaje de idiomas que provocan ansiedad en algunas personas. Por ejemplo, la escala no mide la ansiedad general en situaciones de desempeño. Por lo tanto, es posible que algunos de los encuestados podrían haber tenido personalidades ansiosas, aunque no quedó demostrado en el cuestionario.

Independientemente de las críticas recibidas, FLCAS ha sido suficientemente investigada con respecto a su validez y fiabilidad durante las últimas décadas y ha sido ampliamente aceptada como una escala válida para la medición de la ansiedad en el aprendizaje de una lengua extranjera (Dewaele y MacIntyre 2016; Guntzviller, Yale y Jensen 2016). Se debe mencionar, además, que estudios recientes han comenzado a utilizar la versión abreviada de Foreign Language Classroom Anxiety Scale (FLCAS), conocida como S-FLCAS, la cual está formada por 8 ítems (Dewaele y Dewaele 2020; Moskowitz y Dewaele 2021). Para garantizar su fiabilidad, la escala S-FLCAS fue validada recientemente por Botes *et al.* (2022). Como resultado, los investigadores encontraron que las consistencias internas de FLCAS de 33 ítems y de S-FLCAS de 8 ítems fueron notablemente similares. Además, las correlaciones entre FLCAS y S-FLCAS proporcionaron evidencia de validez convergente, pues se encontró que tenían patrones correlacionales similares con terceras variables, como calificaciones en cursos de idiomas y puntuaciones de pruebas de rendimiento, entre otras. En conclusión, la validación preliminar de S-FLCAS arrojó resultados positivos, lo que ha constituido una muy buena noticia para los investigadores e interesados en el tema de la ansiedad. A efectos prácticos, esta escala abreviada disminuye el tiempo y los recursos necesarios para las investigaciones que la empleen. Sin embargo, conviene subrayar que, al igual que la escala original de Horwitz, Horwitz y Cope (1986), continúa centrada en la parte oral de la comunicación. Es tarea de los investigadores encontrar mecanismos para medir la ansiedad en las diferentes competencias lingüísticas.

1.3.2. El papel de la ansiedad en el aprendizaje de una lengua extranjera

El papel de la ansiedad en relación con el rendimiento, el logro o éxito y el fracaso en el aprendizaje de idiomas ha sido considerablemente estudiado por investigadores en el campo de la lingüística aplicada (Chastain 1975; Cheng 2002; Horwitz 2010; MacIntyre y Gardner 1989; Saito, Garza y Horwitz 1999). Quizá por ser una constante de antaño en el testimonio de aprendientes y docentes, o por ser una emoción más tangible y menos difícil de medir, la ansiedad fue la primera emoción en llamar la atención de los investigadores. Es relevante destacar que antes de que los lingüistas en general se adentraran en el terreno de las emociones, Krashen (1985) propuso la existencia de un filtro afectivo, mediante el cual las emociones positivas estaban relacionadas con un filtro afectivo bajo que facilitaría el aprendizaje, mientras que las emociones negativas se relacionaron con un filtro afectivo alto, que dificultaría dicho proceso. Sin embargo, Krashen no demostró en su totalidad la complejidad que entrañan las emociones en el proceso de aprendizaje de una lengua extranjera, ya que, por ejemplo, una emoción negativa no trae siempre como resultado un bajo nivel de competencia en un idioma (Swain 2013). No obstante, entre otros aportes, Krashen tuvo el acierto de acercar distintas variables afectivas al estudio del proceso de aprendizaje de L2 y destacó la importancia de la ansiedad como una emoción clave para entender mejor este proceso.

La influencia de la ansiedad en el aprendizaje de L2 ha sido objeto de muchos debates. Algunos investigadores han documentado pruebas de los posibles efectos positivos del estrés y la tensión cuando mantienen a los estudiantes expectantes y en alerta ante los retos que aprender una lengua extranjera les presenta. Chastain (1975), por ejemplo, tras encontrar una correlación positiva entre la ansiedad y los resultados de los exámenes de estudiantes de L2, concluyó que quizás cierta preocupación por una prueba era una ventaja, mientras que demasiada ansiedad podría acarrear resultados negativos. Kleinmann (1977), por su parte, mostró que existía una intersección de variables lingüísticas y psicológicas para determinar el comportamiento del alumno en un segundo idioma, lo que significa que el estado afectivo probablemente influya en la elección de las estructuras lingüísticas. Horwitz (2001), tras años de investigación, señaló que a menudo es difícil determinar hasta dónde la ansiedad interfiere en el aprendizaje y en los niveles de rendimiento, o si los estudiantes ansiosos simplemente tienen dificultades para mostrar la competencia comunicativa que han alcanzado.

Por otra parte, muchas investigaciones han descubierto indicios de que existe una relación estadísticamente significativa entre niveles bajos de rendimiento lingüístico y altos niveles de ansiedad (Dewaele y Al-Saraj 2013; Horwitz, Horwitz y Cope 1986; MacIntyre 1999). Scovel (1978), que ya había apuntado décadas antes esta contradicción en los resultados de investigaciones sobre la ansiedad, señaló que los investigadores deberían ser específicos sobre el tipo de ansiedad medida y, por consiguiente, dejar constancia explícita. El investigador indicó que la disparidad en los resultados podría deberse a que los diversos estudios utilizaron distintas medidas de ansiedad o evaluaron diferentes facetas del constructo como, por ejemplo, la ansiedad ante los exámenes o la ansiedad facilitadora-debilitadora, lo que trajo como consecuencia diferentes tipos de relaciones entre la ansiedad y el rendimiento del lenguaje. Este es solo uno de los muchos ejemplos que se podrían citar para ilustrar la dificultad que ha entrañado a lo largo del tiempo aclarar cómo influye la ansiedad en el proceso de aprendizaje de L2; una dificultad añadida que se toma en cuenta en la presente investigación.

Horwitz (2001) señaló que gran número de estudiantes y profesores de idiomas tenían experiencias personales de ansiedad en relación con el aprendizaje de una lengua extranjera. Sin embargo, no se han encontrado, de momento, mecanismos efectivos que regulen la relación entre ansiedad y éxito en dicho aprendizaje. De acuerdo con MacIntyre y Gregersen (2012), la ansiedad se debería analizar desde una perspectiva orientada al proceso. En otras palabras, sugieren que lo más importante no es si la ansiedad es la causa del bajo rendimiento o el bajo rendimiento es la causa de la ansiedad, sino cómo influye esta emoción en el proceso de aprendizaje. Según los investigadores, tanto la ansiedad como otras emociones forman parte de un continuo que interactúa constantemente en el proceso de aprendizaje. En consonancia con estas observaciones, en el presente estudio analizaremos la ansiedad como parte de un todo formado por distintas emociones y variables internas y externas al alumno.

Siguiendo la reflexión sobre ansiedad y logro, Horwitz (2001) ya se planteaba la idea de que la relación negativa entre ambos elementos en un segundo idioma era solo uno (y quizás ni siquiera el más importante) de los temas a considerar cuando de ansiedad y aprendizaje de idiomas se trataba. Las investigaciones actuales en materia de lingüística aplicada parecen dar la razón a la investigadora. Por impactantes y abrumadores que puedan ser los episodios de ansiedad, y sin desmerecer el papel que juega esta emoción en el proceso de aprendizaje de una lengua extranjera, hay muchas otras emociones que también actúan en el proceso. Sirva la reflexión de Horwitz (2001) para dar paso a una emoción a menudo vista como la otra cara de la ansiedad: el disfrute.

1.4. Disfrute

Entre las acepciones que aporta el diccionario de la Real Academia Española relativas al verbo disfrutar está la de *sentir placer*. Efectivamente, sin placer no hay disfrute, pero la ciencia separa estos términos considerando que el disfrute está en un estadio superior. Si el placer puede ocurrir simplemente realizando una actividad o completando una acción, el disfrute adquiere unas dimensiones extras, como puede ser un enfoque intelectual, una mayor atención y un desafío óptimo (Boudreau, Dewaele y MacIntyre 2018).

De acuerdo con Csikszentmihalyi (1990), el disfrute es un componente esencial del concepto de flujo, un estado positivo donde los desafíos y las habilidades para enfrentarlos están bien alineados y donde se logra llevar a cabo una tarea más allá de las expectativas previas. La fenomenología del disfrute, según Csikszentmihalyi (1990: 49), tiene ocho componentes: la experiencia suele ocurrir cuando las personas se enfrentan a tareas que tienen que cumplir; que exigen concentración; hay metas claras; se obtiene retroalimentación inmediata; se muestra implicación profunda; sensación de control sobre nuestras acciones; ninguna preocupación por uno mismo; y, finalmente, se altera el sentido de la duración del tiempo, donde las horas pasan en minutos y los minutos pueden alargarse hasta parecer horas. Acorde con Mierzwa (2018), para comprender el concepto de disfrute se debe confiar en lo que sabemos sobre el placer de aprender en general y luego aplicar este conocimiento al entorno de la lengua extranjera. En consecuencia, si se parte de los elementos del disfrute de Csikszentmihalyi (1990), es evidente el vínculo y los beneficios que el disfrute puede tener dentro del marco educativo, en especial, para la enseñanza de lenguas extranjeras. Por lo tanto, no es de extrañar que sea una de las emociones positivas más predominantes y destacadas en el aprendizaje de idiomas extranjeros que experimentan los estudiantes en diferentes contextos (Pavelescu y Petrić 2018; Piniel y Albert 2018).

Se debe mencionar que, a pesar de que el disfrute ha sido una de las emociones positivas más estudiadas, no hay tantas investigaciones en torno a esta emoción como en el caso de la ansiedad. La investigación sobre disfrute, aún en ciernes, tiene un largo camino por recorrer en materia de los efectos positivos en el aprendizaje de una L2. Sin embargo, poco a poco las investigaciones avanzan en este sentido, analizando esta emoción desde una perspectiva más integral que tiene en cuenta su carácter variable. En principio, los estudios adoptaban un enfoque estático del disfrute. Esto quiere decir que evaluaban los niveles de disfrute de los estudiantes de lengua extranjera en un solo momento (Li 2020). Ahora bien, en los últimos años, algunas investigaciones han analizado el disfrute desde una perspectiva dinámica y a largo plazo (Dewaele y Dewaele 2017), enfocando además en las fluctuaciones sutiles del disfrute momentáneo al realizar una tarea oral (Shirvan y Talebzadeh 2018). Estas investigaciones han propiciado la identificación de nuevos factores de carácter dinámico y cambiante que, a lo largo del tiempo o en momentos específicos, subyacen e inciden en las experiencias emocionales de los alumnos, entre ellas el disfrute. No es objetivo de nuestra investigación medir el disfrute ni a lo largo de un período de tiempo ni en diferentes momentos, lo que daría cuenta del carácter cambiante de la emoción, ya antes citado. Pero analizaremos el disfrute desde una perspectiva que tendrá en cuenta el carácter dinámico inherente a las emociones.

1.4.1. La medición del disfrute en el aprendizaje de lenguas extranjeras

El instrumento más utilizado en la investigación empírica para medir el disfrute al aprender una L2 fue *Foreign Language Enjoyment Scale* (FLES) creada por Dewaele y MacIntyre (2014). Se trata de una adaptación de la subescala de interés/disfrute de Ryan, Connell y Plant (1990) a un contexto del aprendizaje de lenguas extranjeras. Este instrumento consta de 21 ítems que califican en escala de Likert las emociones con respecto a tres áreas fundamentales: aprendizaje de L2, los compañeros de clase y el docente.

Con el objetivo de encontrar un equilibrio entre la eficacia de la medida y su eficiencia, se desarrolló una versión breve, S-FLES, de 9 ítems. Según sus autores, Botes, Dewaele y Greiff (2021), la escala ofrece una compensación óptima entre la fuerza psicométrica y el tiempo ahorrado, sin comprometer la fiabilidad y la validez de la medida. Asimismo, añaden que S-FLES tiene una sólida base teórica y refleja la estructura factorial del constructo, con el menor número posible de ítems.

Para la confección de S-FLES, Botes, Dewaele y Greiff (2021) plantearon en primera instancia un modelo jerárquico de tres factores de disfrute de la lengua extranjera. En este modelo se distingue el disfrute como tema central o factor principal; y luego, como factores secundarios, se identifican el aprecio por el profesor, el disfrute personal y el disfrute social. En otras palabras, la escala para medir disfrute está compuesta por tres subescalas que a su vez miden tres áreas del disfrute en el aprendizaje de un idioma extranjero. Un segundo paso fue escoger, de entre los 21 elementos de la escala original, 3 ítems para cada uno de estos tres factores antes mencionados. S-FLES también ha sido adaptada y traducida a otros idiomas y contextos (Jin y Jun Zhang 2021; Li, Jiang y Dewaele 2018).

Como en el caso de S-FLCAS, la escala S-FLES se centra en el disfrute relacionado con la destreza oral. Por consiguiente, los datos sobre otras experiencias de disfrute que no estén relacionadas con la oralidad se recogerán en las preguntas abiertas de nuestro cuestionario que se describen en el capítulo 3.

1.4.2. El papel del disfrute en el aprendizaje de una lengua extranjera

Acorde con la visión de la *teoría de control-valor* (Pekrun 2006), que más adelante abordaremos de forma sucinta, el disfrute en el contexto de L2 es una emoción positiva de logro que facilita el aprendizaje. Se disponen de datos empíricos que relacionan el disfrute con una mayor motivación y compromiso, con un mejor rendimiento real y autopercibido de la L2, así como con una mayor disposición a comunicarse (Botes, Dewaele y Greiff 2020b; Dewaele 2019b). También se ha demostrado que el disfrute ayuda a agilizar la comprensión (Saito *et al.* 2018) y es fuente de motivación (Pavelescu 2019; Saito *et al.* 2018).

Dewaele y MacIntyre (2016) identificaron dos dimensiones del disfrute: social y privada. La dimensión social del disfrute se refleja en las experiencias agradables compartidas en la clase, las risas en el aula y las buenas relaciones con profesores y compañeros. La dimensión privada se manifiesta en los sentimientos internos del alumno, como son el orgullo, la diversión y la sensación de logro. Estas dos dimensiones trabajan juntas y producen un sentimiento cohesionado (Jiang y Dewaele 2019). En el marco del presente estudio, compartiremos esta perspectiva bidimensional del disfrute, ya que considera los valores individuales y contextuales que pueden influir en el surgimiento de esta emoción.

Es relevante destacar que Csikszentmihalyi (1975, en Dewaele y MacIntyre 2014) describió cómo una actividad desafiante, que supera de forma ostensible el nivel de habilidad de una persona, puede generar preocupación, e incluso, ansiedad, pero a medida que las habilidades se ajustan al grado de desafío, pueden surgir experiencias de disfrute y fluidez. Sin embargo, si la habilidad supera notablemente el desafío, se puede dar paso a la apatía y el aburrimiento. Como consecuencia, Dewaele y MacIntyre (2014) advirtieron de la importancia de investigar si los estudiantes disfrutan del curso y de sus actividades, si se sienten ansiosos o si no sienten nada, lo cual también puede ser un valioso indicador.

Hasta el momento hemos abordado el disfrute y la ansiedad, una emoción positiva y una negativa. Antes de seguir ahondando en otros aspectos relacionados con estas emociones, vamos a centrarnos en la psicología positiva, responsable de que ambos, disfrute y ansiedad, se integren cada vez con más frecuencia en un mismo estudio y que proporciona, además, base teórica a nuestra investigación.

1.5. Psicología positiva

Durante mucho tiempo, conforme se ha destacado, las emociones positivas no formaron parte de los estudios de lingüística aplicada. Los investigadores se centraban en las emociones que dificultaban el proceso de aprendizaje y en cómo minimizar su efecto negativo y no en cómo potenciar aquellas que contribuían al desarrollo de dicho proceso. La psicología positiva llama la atención sobre la importancia del estudio de las emociones positivas. Dewaele y MacIntyre (2014) se plantearon entonces si el estudio de las emociones negativas solo abordaba la mitad del problema de las emociones.

Ver el vaso medio lleno o medio vacío es un símil recurrente cuando de pesimismo u optimismo se trata. La popular sentencia plantea una opción casi existencial, dotándonos de un prisma a través del cual mirar el mundo que nos rodea. La psicología positiva ha cambiado el prisma con el que las ciencias sociales observan su entorno. Podría parecer una comparación osada, reduccionista y casi burda expresar que la psicología positiva muestra «el vaso medio lleno», pero la inclusión de las emociones positivas en la investigación empírica ofrece a la ciencia la oportunidad de mostrar evidencia de los elementos que funcionan y ayudan al bienestar.

Seligman y Csikzentmihalyi (2000) expusieron que la psicología positiva ampliaba el espectro a la investigación de las experiencias positivas y reconocieron que la buena salud requería algo más que la ausencia de enfermedad, ahondando en la dimensión positiva que puede tener la experiencia humana. Los investigadores, además, describieron que los pilares en los que se basaban las líneas de estudio de la psicología positiva eran, por una parte, las emociones positivas como, por ejemplo, la felicidad o la alegría; y, por la otra, la capacidad humana de adaptación y organización, como son las virtudes y fortalezas a lo largo de la vida. Por último, los investigadores reconocieron que las personas y las experiencias se insertaban en un contexto social, de modo que la psicología positiva tenía en cuenta las características positivas de las comunidades e instituciones.

El objetivo de la psicología positiva, expresado de una manera muy simple, es ayudar a que las personas tengan una vida mejor. Seligman (2011) definió los elementos del bienestar bajo el acrónimo de PERMA (*Positive Emotion*, *Engagement*, *Relationships*, *Meaning* and *Accomplishment*). En esencia, la mejora y el desarrollo de estos elementos, junto a las emociones positivas, incrementan los niveles de satisfacción y ayudan a lograr el bienestar.

Pongamos un claro ejemplo de la aplicación de los preceptos de la psicología positiva en la investigación del aprendizaje de lenguas extranjeras. Partiendo de los principios básicos de PERMA, Oxford (2016) llevó al campo de la lingüística aplicada las concepciones de Seligman a través de EMPATHICS, un modelo útil y comprensible del bienestar de los estudiantes de idiomas. Para su elaboración, la autora se basó en la investigación de los siguientes aspectos: emoción y empatía, significado y motivación, perseverancia (incluyendo la resiliencia, la esperanza y el optimismo), agencia y autonomía, tiempo, resistencia y hábitos mentales, inteligencias (la inteligencia emocional también está comprendida), fortalezas del carácter y, por último, autoeficacia, autoconcepto, autoestima y autoverificación. MacIntyre, Gregersen y Mercer (2019), en una breve reseña sobre Oxford (2016), señalaron que el capítulo histórico de Oxford reunía muchos de los temas humanísticos de investigaciones anteriores, integrándolos dentro de un marco teórico contemporáneo que se sumaba a los trabajos existentes sobre psicología positiva, en general, y dentro del estudio de la adquisición de una L2, en particular. Oxford desarrolla una serie de hipótesis comprobables que demuestran que las dimensiones de EMPATHICS se vinculan con el bienestar, aunque según la propia autora, se necesitan más datos empíricos que avalen este modelo. A pesar de esto, MacIntyre, Gregersen y Mercer (2019) consideran que EMPATHICS es un buen ejemplo de las perspectivas que ofrece la psicología positiva en materia de investigación sobre la enseñanza y el aprendizaje de una L2.

Son muchos los estudios empíricos que aportan testimonio de la solidez teórica de los constructos de la psicología positiva y del alcance que puede tener más allá de las aulas (Botes, Dewaele y Greiff 2020a, 2020b; Boudreau, Dewaele y MacIntyre 2018; Dewaele y Li 2021; Li, Jiang y Dewaele 2018). De una forma u otra, los hallazgos de estas investigaciones respaldaron los principios de esta nueva corriente de la psicología, mostrando que los elementos que presenta son fundamentales para el funcionamiento cognitivo y afectivo, el afrontamiento y la superación de los seres humanos ante la adversidad, la salud física y mental y un mayor compromiso, rendimiento y satisfacción con el trabajo y la vida (Shao *et al.* 2020). Probablemente, los principios que pone en valor la psicología positiva, como la determinación y la perseverancia, la esperanza, el optimismo y el coraje, entre otros, desempeñen un papel más importante en el aprendizaje de idiomas que en otras materias escolares. Indiscutiblemente, aprender una lengua es un proceso largo que involucra procesos psicológicos complejos relacionados con las características de cada individuo y que puede transcurrir en una diversidad de contextos. Todo esto puede influir, e incluso determinar, el aprendizaje de un idioma. Por consiguiente, muchas investigaciones han tenido como objeto el estudio de las emociones en la enseñanza de idiomas en las dos últimas décadas (Jiang y Dewaele 2019; Li, Dewaele y Jiang 2020; Moskowitz y Dewaele 2021; Pekrun *et al.* 2010; Saito, Garza y Horwitz 1999). Efectivamente, las semillas de la psicología positiva han caído en terreno fértil en el campo de la lingüística aplicada (Dewaele *et al.* 2019).

El presente estudio se enmarca en los trabajos que integran también las emociones positivas, que tan importantes han demostrado ser en el desarrollo de las competencias lingüísticas de los estudiantes. Nuestra investigación, desde la perspectiva que ofrece la psicología positiva, incluye el análisis del disfrute con el objetivo de examinar cómo esta emoción influye en el proceso de aprendizaje de estudiantes de español como lengua extranjera en el contexto noruego.

1.5.1. Emociones positivas y negativas: una nueva etapa de la psicología positiva

La narrativa moderna de la psicología positiva comenzó con el cambio del milenio, a partir del número especial de la prestigiosa revista *American Psychologist*, publicado en enero de 2000, que presentó esta nueva corriente (MacIntyre, Gregersen y Mercer, 2019). Desde entonces y hasta la fecha, la psicología positiva ha recorrido un largo camino y ha llegado en la actualidad a una fase de madurez. Wong (2019) la ha definido como psicología positiva 2.0, una etapa marcada por la integración de los procesos positivos y negativos, así como por la comprensión del papel del contexto en el ámbito de las emociones. En opinión del investigador, un modelo equilibrado de psicología positiva buscaría explícitamente aprovechar también el potencial positivo de las emociones y situaciones negativas, tanto para los individuos como para la sociedad. En la misma línea, Peterson (2006) ya había expuesto que la combinación del estudio de lo positivo y lo negativo permitiría a la teoría y a la investigación ir más allá de una descripción simplista de las emociones y lograr profundizar en la realidad. De los errores se puede aprender y quizá las emociones negativas aporten una sapiencia necesaria para alcanzar el bienestar.

> Everyone's life has peaks and valleys, and positive psychology does not deny the valleys. Its signature premise is more nuanced but nonetheless important: What is good about life is as genuine as what is bad and therefore deserves equal attention from psychologists. It assumes that life entails more than avoiding or undoing problems and hassles (Peterson 2006: 4).

En particular, en cuanto al aprendizaje de idiomas, la cabal comprensión de ambos tipos de emociones es fundamental para entender en profundidad los procesos que se activan en una clase de lengua extranjera. En tal sentido, Prior (2019) señaló que cualquier emoción puede ser facilitadora o restrictiva, motivadora o desmotivadora, adaptativa o desadaptativa. Para llegar a un compromiso total con la emoción en la investigación y la enseñanza del idioma, se requiere un enfoque en el contexto y la voluntad de abrazar simultáneamente la alegría y el dolor.

MacIntyre y Gregersen (2012) introdujeron los preceptos de la psicología positiva en la investigación de la adquisición de una segunda lengua siguiendo la teoría de Fredrickson (2001). Como resultado, los investigadores argumentaron que, si las emociones positivas y negativas funcionan de manera diferente, y los esquemas emocionales cotidianos incluyen emociones positivas y negativas simultáneamente, parece mejor conceptualizar la emoción en dos dimensiones separadas, positiva-ampliadora y negativa-reductora. Dewaele y MacIntyre (2014) marcaron un punto de inflexión en la investigación de las emociones al introducir por primera vez el estudio del disfrute en relación con la ansiedad en el aula de lenguas extranjeras. Desde entonces, son muchas las investigaciones que le han sucedido, no solo combinando disfrute y ansiedad, sino integrando otras emociones, tanto positivas como negativas (Dewaele y Alfawzan 2018; Dewaele y Dewaele 2017; Dewaele y Li 2020, 2021; Moskowitz y Dewaele 2021; Saito *et al.* 2018).

En el presente estudio empírico compartiremos la visión antes expuesta por los investigadores de estudiar conjuntamente emociones positivas y negativas, en nuestro caso, disfrute y ansiedad, así como la relación entre ellas. El estudio conjunto de ambos tipos de emociones parece ser un buen camino para llegar a una mejor comprensión de algunos de los procesos en torno al aprendizaje de la lengua, en esta ocasión, en el contexto noruego.

Ahora bien, la psicología positiva también ha sido objeto de muchas críticas, tanto por parte de investigadores que siguen este nuevo enfoque, como de algunos que no. Por ejemplo, Held (2004) advirtió sobre «una tiranía de la actitud positiva» y señaló las consecuencias no deseadas de la psicología positiva. La investigadora expuso el peligro de que las personas con serias dificultades se alterasen aún más por la creencia de que el simple pensamiento positivo podría haber evitado o resuelto su problema. Lazarus (2003), por su parte, señaló un empleo predominante de las investigaciones transversales que, como se conoce, no tienen la capacidad de demostrar de manera convincente una relación causal, en este caso, entre las emociones. También comentó la tendencia generalizada de los investigadores a reducir las emociones a una categorización simplista de emociones negativas y positivas. Dewaele *et al.* (2019), sin desacreditar el comentario crítico de Lazarus (2003), sí precisaron que la valencia es una forma legítima de categorizar las emociones. Sin embargo, apoyaron la necesidad de la profundización en el estudio de las emociones. En suma, se puede decir que estas críticas, con mayor o menor acierto, han contribuido al desarrollo de la psicología positiva en general y, en particular, al avance de la vertiente unida a la lingüística aplicada. Por este motivo, nos ha parecido oportuno incluir algunas de estas críticas en el presente apartado.

1.5.2. Las emociones desde la perspectiva de la teoría de ampliar y construir y de la teoría de control-valor

Un aspecto sorprendente de la proliferación de investigaciones sobre las emociones es que no todos los estudios le confieren importancia a la conceptualización de estas y a las teorías subyacentes. En otras palabras, estas investigaciones no cuentan necesariamente con un soporte teórico bien fundamentado (Dewaele y Li 2020). Sin embargo, la psicología positiva ofrece sólidos fundamentos teóricos. Dos de las teorías de mayor utilidad para las investigaciones en lingüística aplicada son *la teoría de ampliar y construir* (Fredrickson 2001) y *la teoría de control-valor* (Pekrun 2006).

En nuestra investigación compartiremos la visión de las emociones expuesta por Fredrickson (2001, 2003). Sin embargo, nos parece interesante exponer someramente ciertos planteamientos de la *teoría de control-valor* porque algunas de las investigaciones afines para este estudio han analizado las emociones desde esta perspectiva que, además, no es excluyente con los enfoques de la *teoría de ampliar y construir* antes mencionados.

Con respecto a los orígenes de ambas teorías, se puede decir que la *teoría de ampliar y construir* es uno de los bloques constituyentes y principales supuestos de la psicología positiva. Este modelo, que nace en el campo de la psicología social, *grosso modo*, presenta la función de las emociones positivas en contraposición con la función de las emociones negativas. Por su parte, la *teoría de control-valor* fue desarrollada en educación general con el objetivo de ampliar el alcance de la emoción investigada más allá de la ansiedad ante los exámenes en contextos académicos, así como para examinar sistemáticamente los antecedentes y los resultados de las diversas emociones de logro de los estudiantes (Shao *et al.* 2020). Se puede decir que la *teoría de ampliar y construir* llamó la atención sobre las emociones positivas y su potencial en la vida de las personas. La *teoría de control-valor* ubicó las emociones dentro del contexto educativo desvelando su papel en el proceso de aprendizaje. Así, es razonable creer que la principal fortaleza del bloque teórico que conforman ambos fundamentos para la lingüística aplicada radica en este nexo interdisciplinario de su origen.

Fredrickson (2001), en su modelo de la *teoría de ampliar y construir*, expuso que las emociones positivas podrían tener como función principal el desarrollo de habilidades y comportamientos nuevos. La teoría propone tres efectos específicos de las emociones positivas: amplían nuestros repertorios de pensamiento y acción, construyen recursos para el futuro y anulan los efectos no deseados de las emociones negativas (Fredrickson 2013). La psicóloga, además, sostuvo que tanto las emociones positivas como las negativas, tienen funciones diferentes. Las emociones negativas están abocadas a afrontar situaciones específicas con respuestas inmediatas. Por ejemplo, el miedo lleva al individuo a un comportamiento de protección. Sin embargo, las emociones positivas favorecen la flexibilidad, la ampliación de razonamientos y acciones que, en muchos casos, se convierten en nuevos recursos para el futuro (Hervás 2009). Acorde con los planteamientos de MacIntyre y Gregersen (2012), en relación con el modelo de Fredrickson (2001, 2003), las emociones positivas tienen una serie de funciones. En primer lugar, tienden a ampliar la atención y el pensamiento de las personas, lo que lleva a la exploración, al juego, a descubrir nuevas experiencias y formas de aprendizajes. Y, por otra parte, ayuda a deshacer los efectos de los estados emocionales negativos. Asimismo, las emociones positivas promueven la resiliencia porque activan reacciones productivas ante eventos estresantes como, por ejemplo, generar sentimientos de felicidad e interés mientras se está bajo presión. De igual forma, estas emociones promueven la construcción de recursos personales, como pueden ser las muestras de simpatía a través de una sonrisa. Por último, MacIntyre y Gregersen (2012: 198) compararon metafóricamente las emociones positivas con una espiral ascendente hacia un mayor bienestar futuro: «A positive spiral is possible because the acquisition of resources facilitated by positive emotions endure long after the emotional reaction has ended».

Las funciones atribuídas a las emociones positivas han demostradro ser especialmente útiles en el área de la lingüística aplicada. Otro de los aspectos relevantes de la teoría en este contexto es la conclusión a la que llega Fredrickson (2001, 2003) sobre el hecho de que las emociones positivas y negativas no son extremos dicotómicos u opuestos de una única dimensión. Para la autora, ambas emociones son dos dimensiones de la experiencia. Dewaele y MacIntyre (2014) proporcionan pruebas empíricas que respaldan esta idea. Los investigadores definen metafóricamente las emociones como la cara de Janus, dios de la mitología romana, que se representa tradicionalmente con dos caras, una que mira al futuro y otra hacia al pasado (Dewaele y MacIntyre 2014: 265).

A diferencia de la *teoría de ampliar y construir*, que aborda las reacciones emocionales en general, la *teoría de control-valor* se enfoca exclusivamente en las emociones de logro. Pekrun (2014) agrupó en cuatro categorías las emociones relevantes en un entorno escolar. En primer lugar, ubicó las emociones de logro relacionadas, como su nombre indica, con el éxito en la escuela. Luego describió las emociones epistémicas, es decir, aquellas que están vinculadas a problemas cognitivos durante el aprendizaje. A este grupo le siguen las emociones que están directamente relacionadas con los contenidos de las clases. Por último, presentó el grupo de las emociones sociales que se relacionan con los maestros y compañeros de clase. Entre los cuatro grupos, las emociones de logro han sido las más estudiadas (Piniel y Albert 2018). Es relevante destacar que las emociones de logro se relacionan tanto con el éxito como con el fracaso en los entornos educativos. Por ejemplo, el disfrute de aprender está vinculado al éxito y la ansiedad al fracaso.

Pekrun *et al.* (2007: 16), en su *teoría control-valor*, argumentaron que «individuals experience specific achievement emotions when they feel in control of, or out of control of, achievement activities and outcomes that are subjectively important to them, implying that control appraisals and value appraisals are the proximal determinants of these emotions». Las emociones que un estudiante experimenta en clase dependen de cuánto control siente que tiene sobre su aprendizaje y de cuánto valora lo que está aprendiendo. Si percibe que puede entender y obtener un buen resultado, sentirá emociones positivas. Si, por el contrario, cree que no puede tener éxito, es problable que sienta ansiedad y frustación. De forma similar se comporta el valor percibido. Si el alumno considera que el examen o lo que está aprendiendo es importante para su futuro, se involucrará emocionalmente. Por otro lado, si no le parece relevante lo que estudia, mostrará una actitud más indiferente y una menor motivación. De acuerdo con esta teoría, las emociones positivas pueden facilitar el pensamiento holístico y el uso de la creatividad para resolver problemas, aumentar la capacidad de atención y la cognición, incrementar la motivación y los esfuerzos a largo plazo. Todo esto redunda en un mejor rendimiento y bienestar (Shao *et al.* 2020).

La *teoría de control-valor* también postula un modelo de reciprocidad en el que los antecedentes, las emociones de logro y el logro del aprendizaje están conectados por una relación bidireccional, de causalidad en el tiempo (Pekrun *et al.* 2007). Concretamente, las emociones de logro son el resultado de las estimaciones de *control-valor* del entorno, que operan sobre otros elementos cognitivos y motivacionales internos y sobre los elementos sociales externos, actuando indirectamente sobre el rendimiento académico de los estudiantes (Dewaele y Li 2022).

Li (2020), en una reflexión en torno a las teorías expuestas, concluyó que hay muchas similitudes entre ambas teorías, que se complementan y que pueden conformar un marco teórico holístico para la investigación de las emociones. Ambas teorías tienen en común que distinguen las funciones de las emociones positivas y negativas que afectan a los procesos cognitivos, sociales y psicológicos, mostrando la necesidad de adoptar una visión integral de las emociones. Además, las dos teorías abordan el papel fundamental de las emociones positivas que afectan tanto al bienestar como al rendimiento.

A pesar de las analogías, también existen algunas diferencias ostensibles entre ambos supuestos teóricos. Por una parte, la *teoría de ampliar y construir* comprende todas las emociones en general, pero las investiga desde una perspectiva lineal; solo aborda los efectos fundamentales de las emociones, aunque atiende a la interacción entre emociones positivas y negativas, aspecto que se debe tener en cuenta con respecto a cómo las emociones positivas pueden llegar a deshacer los efectos de las emociones negativas. Este principio puede sustentar teóricamente los estudios de interacción emocional (Fredrickson 2001). Por otra parte, la *teoría de control-valor*, aunque se centra en las emociones de logro, ofrece una clasificación en tres dimensiones de estas, donde involucra tanto los antecedentes como los resultados de las emociones, así como su naturaleza recíproca y su bidireccionalidad. Por ejemplo, los vínculos teóricos entre las emociones y otros elementos asumidos por la *teoría de control-valor* pueden servir como base teórica para los estudios y la práctica de la intervención emocional en el aprendizaje de una L2 (Dewaele y Li 2020).

A modo de conclusión, se puede afirmar que el estudio sobre el papel de las emociones en el aprendizaje de L2 cuenta con un sólido andamiaje teórico que parte de la psicología positiva y que ofrece recursos (algunos aún inexplorados) para las venideras investigaciones. En este sentido, MacIntyre, Gregersen y Mercer (2019) señalaron que avanzar desde la perspectiva de la psicología positiva en el área de la adquisición de L2 ayuda a garantizar que la bibliografía cubra todo el espectro de experiencias positivas y negativas con los idiomas, la comunicación y los procesos de aprendizaje. La introducción de la psicología positiva abre una amplia y rica colección de temas poco investigados. Como resultado, según los autores, el campo de adquisición de L2 quizás esté en una posición particularmente ventajosa para poder comprometerse con la psicología positiva y generar pensamiento e investigación innovadores.

1.6. El docente: ¿fuente de ansiedad o de disfrute?

Volviendo a las emociones centrales de nuestro estudio, cabe preguntarse en qué medida las investigaciones realizadas consideran a los profesores como fuentes de ansiedad o de disfrute. Si bien es cierto que son muchos los factores que influyen en el flujo de emociones en una clase de L2, desde características internas de los alumnos hasta aspectos contextuales, en nuestro estudio nos centraremos en investigar el papel de los profesores de L2 como fuentes de disfrute o de ansiedad. Esta decisión se basa en los resultados de estudios previos que revelaron patrones bastante similares en distintos contextos de la geografía mundial: Boudreau, Dewaele y MacIntyre (2018) en Canadá, Dewaele y MacIntyre (2014, 2016) en sus investigaciones con aprendientes procedentes de diferentes países, Dewaele, Franco Magdalena y Saito (2019) en España, Jiang y Dewaele (2019) en China, y Saito *et al.* (2018) en Japón. Como resultado común, el disfrute estuvo relacionado principalmente con factores externos a los estudiantes, mientras que las variables internas de los alumnos influyeron con mayor fuerza en los niveles de ansiedad. Entre los factores externos que más influyeron en el disfrute experimentado por los alumnos, se destacó el papel de los profesores. Estos hallazgos están en consonancia con las ideas de Arnold y Fonseca (2007), quienes afirmaron que los docentes desempeñan un papel central a varios niveles en el proceso de aprendizaje. Según estos autores, los profesores necesitan producir un discurso claro y establecer, a través de medios verbales y no verbales, un entorno donde los estudiantes crean verdaderamente en el valor de aprender una L2, donde sientan que tienen herramientas para poder enfrentar ese desafío y comprendan el beneficio que pueden obtener al alcanzarlo. Al respecto, Dewaele *et al.* (2018) apuntaron que el progreso en el aprendizaje de un segundo idioma sucede cuando existe una buena química entre los propios estudiantes y entre estos y sus profesores. Las buenas prácticas pedagógicas son determinantes para mantener y potenciar los niveles de motivación y emociones positivas de los alumnos.

Ahora bien, además de investigar la función del profesor como promotor de un entorno que propicie el aprendizaje de L2, se han estudiado una variedad de tareas y capacidades inherentes a los maestros: experiencia y profesionalidad del docente, la felicidad del profesor como elemento transmisible a los alumnos, frecuencia de uso del idioma extranjero por parte del docente y la imprevisibilidad del maestro en clase, entre otras (Boudreau, Dewaele y MacIntyre 2018; Dewaele y Dewaele 2017). Como resultado de los hallazgos encontrados, destaca una implicación pedagógica: los docentes no deberían preocuparse demasiado por intentar disminuir la ansiedad en sus clases, ya que no parecen ser causa principal de esta emoción, y sí deberían emplear sus esfuerzos en crear un buen ambiente en el aula. Esta importante idea, que ayudó a que la comunidad científica se cuestionara el porqué de la indiscriminada atención a la ansiedad, a pesar de su trascendencia, no debe considerarse concluyente. Como Dewaele y MacIntyre (2014) han indicado, es el resultado de unas muestras determinadas en contextos específicos. Acorde con esta idea, Dörnyei y Usahioda (2011: 104) argumentaron que las recomendaciones pedagógicas derivadas de estudios empíricos no pueden ser directamente generalizables a todas las situaciones del aula y deben ser adaptadas de forma apropiada al contexto de aprendizaje.

> By context, we mean not simply the broad sociocultural context (e.g. English language education in Japan or Argentina), but also the unique micro-culture, history and social dynamics of a particular classroom, or of other kinds of learning context such as

self-access centers, virtual classrooms, distance learning or other independent learning settings (Dörnyei y Usahioda 2011: 104).

Antes de terminar esta sección, parece oportuno insistir en el hecho de que, a pesar de la observación de que el disfrute en las investigaciones citadas estuvo vinculado en mayor medida a los docentes, esto no quiere decir que en ciertos casos los profesores no sean fuente de ansiedad en las clases. Se tiene también pruebas de que la ansiedad se ha vinculado en ciertos casos con el acento del docente, la rigurosidad y la frecuencia de uso de la LE (Dewaele, Franco Magdalena y Saito 2019).

1.7. Percepción de los alumnos sobre sus profesores

Independientemente de la influencia directa que los maestros pueden ejercer en la aparición de emociones en una clase de L2, la percepción sobre esa influencia no siempre se corresponde con la intención pedagógica de los profesores. En este sentido, Moskowitz y Dewaele (2021) expusieron que, más allá de la psicología docente, la percepción de los estudiantes sobre el tema, es decir, lo que los estudiantes realmente piensan sobre las actuaciones de sus profesores, no es una cuestión muy investigada a pesar de la importancia que se le confiere en el mundo académico. De hecho, son varios los autores que reconocen el rol que cumplen las percepciones de los alumnos en el proceso de aprendizaje. Es este sentido, Shuell (2001: 15471) señala

> The teacher plays an extremely important role in establishing a meaningful classroom environment for students, but in the final analysis, it is the social and psychological activities and responses of each student that determines what he or she learns. The way in which each student perceives, interprets, processes, and understands classroom activities –not what the teacher does– is the single most important factor in determining the educational outcomes acquired by that student.

Por consiguiente, investigar cómo los estudiantes perciben a sus profesores de idiomas puede ser especialmente relevante si tenemos en cuenta que el aprendizaje a menudo se ve facilitado por las actitudes positivas de los alumnos hacia su profesor (Gardner 2010, citado por Moskowitz y Dewaele 2021).

El salón de clases, como subraya Shuell (2001), es un espacio definido por una serie de características que influyen en la percepción de los estudiantes, entre las que se destaca la historia común de la clase. En cualquier grupo que permanece unido durante un periodo de tiempo se desarrollan referencias comunes formadas por sus vivencias, normas y rutinas, que influyen en la manera en que se perciben e interactúan entre sí sus miembros. Por esto, es razonable pensar que la realidad de un aula puede entenderse no tanto como algo dado, sino como una construcción. Explorar cómo los estudiantes que aprenden un nuevo idioma se expresan y aprehenden de las emociones de sus profesores, puede conducir a una comprensión más profunda y matizada de la compleja relación alumno-profesor y, por consiguiente, del propio proceso de aprendizaje de L2 (Moskowitz y Dewaele 2021). En este sentido, el presente trabajo pretende explorar desde esta perspectiva las percepciones de los alumnos. Dar voz a nuestros participantes es una forma de ver el proceso de aprendizaje de L2 desde el punto de vista de los protagonistas: los alumnos.

Conforme a los razonamientos que se han venido realizando a lo largo de este capítulo, se puede decir que las emociones están en el centro del proceso de aprendizaje de una lengua extranjera. Las emociones, además, tienen un carácter dinámico, cambiante y no se manifiestan necesariamente de forma aislada, por el contrario, tienden a superponerse. Para una mejor comprensión del entramado que se teje en torno a estas, así como para un mejor entendimiento de los procesos de aprendizaje de una L2, es recomendable estudiar las emociones positivas y negativas en su conjunto. Asimismo, se debe considerar la influencia bidireccional de las emociones entre profesores y alumnos. También debe tenerse en cuenta la variedad de los contextos educativos y cómo influye en el comportamiento de ambos tipos de emociones. Las clases a distancia, por ejemplo, son una opción en auge para el aprendizaje de lenguas. Este tipo de enseñanza puede generar otras dinámicas, otros comportamientos y otro nivel de emociones.

En el marco de las consideraciones anteriores, resta resaltar que más allá del estudio de las emociones positivas y negativas, no se debe perder de vista que los idiomas son enseñados y aprendidos por personas: seres humanos con esperanzas y miedos, fortalezas y limitaciones, metas y frustraciones. Definitivamente, la psicología, tanto del alumno como del docente, se encuentra en el centro de los procesos clave de adquisición de un segundo idioma, que incluyen la enseñanza, el aprendizaje y la comunicación (MacIntyre, Gregersen y Mercer 2019).

Capítulo 2

Investigación sobre ansiedad y disfrute en la clase de segundas lenguas

Las emociones positivas y negativas son inherentes al ser humano. Nos acompañan allá donde vayamos. Determinados contextos favorecen la aparición de emociones, como es el caso del aprendizaje de lenguas extranjeras, donde el desempeño de cada estudiante puede ser juzgado por el profesor y el resto de los compañeros. En el apartado anterior se destacó que desde hace algunos años la investigación de las emociones negativas, como la ansiedad, ha sido el objeto de muchos estudios en el terreno de la lingüística aplicada (Dewaele 2010; Horwitz 2001; MacIntyre 1999). Sin embargo, las emociones positivas, quizá más presentes en el aula, han sido menos estudiadas (Dewaele 2019b; Dewaele *et al.* 2019; Dewaele y MacIntyre 2014; Pavelescu y Petrić 2018). Existe evidencia de que la potenciación de las emociones positivas como, por ejemplo, el disfrute, favorece el desarrollo de los procesos cognitivos en el aprendizaje de una L2. Además, las emociones positivas pueden ayudar a disipar los efectos persistentes de la excitación emocional negativa, ayudando a promover la resiliencia personal frente a las dificultades (Dewaele y MacIntyre 2014: 241). A raíz de los aportes de la psicología positiva, tal y como se ha expuesto previamente, investigadores entre los que destaca Jean-Marc Dewaele, han dedicado varios trabajos al estudio de la ansiedad y el disfrute en las clases de L2. En este apartado se mencionan en orden cronológico algunos de estos estudios empíricos, en primer lugar, debido a su trascendencia en el desarrollo de la investigación de la ansiedad y el disfrute en el aprendizaje de L2 y, en segundo lugar, por las pautas que aportan para el diseño de la presente investigación.

Dewaele y MacIntyre (2014) se centraron en investigar si existía una relación estadísticamente significativa entre disfrute (*foreign language enjoyment*; en adelante FLE) y ansiedad hacia el aprendizaje de lenguas extranjeras (*foreign language classroom anxiety*; en adelante FLCA), así como cuál era el efecto que tenían sobre el número de idiomas ya adquiridos, las lenguas que sus participantes estudiaban durante el curso de la investigación, el grado de dominio de dichas lenguas, la posición relativa en la clase en cuanto al nivel de la L2, el nivel de educación, la edad, el género y el grupo global-regional teniendo en cuenta la nacionalidad. La muestra estuvo formada por 1746 participantes multilingües, de entre 11 y 75 años. Los resultados indicaron que los estudiantes que sabían más idiomas, que tenían mayor dominio de la L2 y que percibían que estaban por encima del nivel de su clase obtuvieron puntajes significativamente más altos de FLE y más bajos de FLCA. Estos estudiantes también contaban con un nivel educativo más alto y mayor edad. Otro resultado importante es la correlación estadísticamente significativa y negativa entre FLE y FLCA, que compartieron 12.9 % de su varianza. Por lo tanto, disfrute y ansiedad parecen ser emociones independientes y no extremos opuestos de una sola dimensión. En otras palabras, la ausencia de disfrute no implica automáticamente un alto nivel de FLCA y, a su vez, la falta de FLCA no significa la presencia de FLE. Los relatos de disfrute de los participantes se estudiaron mediante un análisis de contenido. Los temas que más destacaron se clasificaron de acuerdo con la frecuencia con la que fueron mencionados, ordenándolos de mayor a menor. Como resultado, los investigadores encontraron que las actividades que implicaban cierto grado de autonomía y creatividad, vinculadas a los intereses de los participantes, eran una de las fuentes principales de FLE. El carácter amable y solidario del grupo, junto a las habilidades del profesor (organizado, respetuoso, divertido, etc.) y el ambiente que puede crear en la clase, fueron otros de los temas más recurrentes en las narraciones de los participantes. Algunos participantes también describieron el uso auténtico de la lengua extranjera como fuente de FLE, sin embargo, fue la categoría o tema con menor frecuencia de aparición en los episodios narrados. En este sentido, los autores argumentaron que una posible causa de este resultado podría ser que el uso genuino de la lengua extranjera suele suceder fuera del entorno de la clase. Se puede decir que Dewaele y MacIntyre (2014) han marcado un punto de inflexión en el ámbito de la lingüística aplicada al investigar conjuntamente una emoción positiva y otra negativa. Este trabajo representó un avance significativo en el estudio de las emociones al incluir las emociones positivas, las cuales desempeñan un papel significativo y fundamental en las aulas.

Dewaele *et al.* (2018) continuaron centrándose en FLE y FLCA, pero analizaron, además, cómo estas variables están vinculadas a una serie de factores internos del alumno y del profesor dentro de la clase, en un contexto educativo determinado. La muestra estaba formada por un total de 189 estudiantes británicos multilingües de secundaria, donde 49 eran mujeres y 140 hombres, de edades comprendidas entre los 12 y los 18 años. El estudio incluyó cuestionarios para medir FLE y FLCA, además de recoger las actitudes de los aprendices hacia su primera L2, actitudes hacia el docente, frecuencia de uso de L2 por parte del docente, tiempo dedicado a la lectura, a escribir, a escuchar y a hablar. Esta investigación concluyó que los niveles más altos de FLE estaban relacionados con los puntajes más altos de las actitudes positivas hacia la L2 y hacia el profesor, al uso frecuente del idioma extranjero en la clase y a una gran proporción de tiempo dedicado a hablar en el aula. Asimismo, los mayores índices de FLE y los menores de FLCA se vincularon con un mayor nivel de desarrollo en la L2. El estudio puso de manifiesto que FLCA parece estar menos vinculada a las prácticas docentes y a los profesores que FLE. En cuanto a la interacción entre disfrute y ansiedad, se encontró una relación negativa pequeña, pero estadísticamente significativa, donde las variables compartieron menos del 4 % de varianza, lo que puede interpretarse como una muestra más de que el disfrute y la ansiedad son dimensiones separadas. En otras palabras, los participantes que obtuvieron una puntuación alta en FLE tendieron a obtener una puntuación baja en FLCA, pero también es posible que las personas obtengan una puntuación alta o baja en ambas dimensiones. Dewaele *et al.* (2018) señalan la necesidad de que futuras investigaciones empleen pruebas estadísticas más potentes que ayuden a una mayor precisión en la medición de las emociones. Además, instan a los investigadores de L2 a adoptar los nuevos puntos de referencia de tamaño del efecto, que son pequeño ($d = .40$), medio ($d = .70$) y grande ($d = 1.00$), propuestos por Plonsky y Oswald (2014) para interpretar el significado práctico de los efectos de investigación de L2 con mayor precisión.

Ross y Rivers (2018) exploraron experiencias emocionales relacionadas con la L2 de ocho estudiantes de inglés que cursaban un programa de idiomas de pregrado en una institución universitaria australiana. El estudio se centró en analizar las emociones de esperanza, disfrute y frustración de los alumnos dentro de diversas interacciones sociales, así como el lugar que estas emociones ocupaban en la vida de los participantes más allá del aula. Los datos fueron recogidos a través de entrevistas donde los estudiantes expresaron las emociones antes mencionadas, además de otras como felicidad, vergüenza, orgullo y aburrimiento. Cada participante realizó un total de tres entrevistas individuales, una cada dos meses. En cuanto a la emoción de esperanza, las respuestas de los participantes proporcionaron información, entre otros aspectos, de que esta no está relacionada con el entorno de aprendizaje, sino con su potencial capacidad futura para poder participar con confianza y éxito en contextos comunicativos auténticos. En cuanto al disfrute, a diferencia de otras emociones, a menudo el resultado estaba algo abierto a la interpretación. Los entrevistados no siempre se refirieron a esta emoción de forma explícita. Fueron los investigadores quienes, en muchos casos, interpretaron los comentarios en relación con el disfrute. En términos generales, las respuestas de los participantes revelaron que el uso exitoso del lenguaje fuera del aula parece correlacionarse más estrechamente con la emoción de disfrute que durante las clases. El éxito, naturalmente, tiene lugar tanto dentro como fuera del aula y probablemente revierta en un alumno más motivado, pero el uso significativo de la lengua incrementa su relevancia personal e implica un alto grado de disfrute. Como apuntan Ross y Rivers (2018: 116), «the enjoyment (and stronger motivation) comes from meeting a need outside of their formal language learning and more specifically related to its use in everyday social situations». La frustración, emoción también a menudo experimentada por los participantes, frecuentemente la manifestaban fuera del aula. De esta forma, los investigadores concluyeron que la frustración es más alta donde la motivación también es más alta, o sea, fuera de la clase. Los autores recomiendan el diseño de estudios que ayuden a comprender mejor lo que los estudiantes de idiomas experimentan más allá del aula y que, además, establezcan un vínculo entre el aprendizaje en el aula, la pedagogía y la vida fuera de las clases.

Pavelescu y Petrić (2018) también desarrollaron un estudio cualitativo que exploró las emociones durante el aprendizaje de inglés de cuatro estudiantes adolescentes. Los participantes asistían a una escuela secundaria estatal en una ciudad del sur de Rumania, donde además de clases regulares en rumano, los alumnos recibían instrucción bilingüe en cuatro idiomas. La investigación tuvo como objetivo examinar las emociones de aprendizaje de estos jóvenes y las formas en que surgieron las emociones positivas en su contexto sociocultural. Durante un periodo de un semestre, los investigadores recopilaron información a través de diferentes métodos, tales como tareas escritas en forma de historias de aprendizaje del idioma, entrevistas semiestructuradas, así como notas basadas en conversaciones informales con estudiantes y maestros, observaciones de lecciones y observaciones de eventos relacionados con el inglés fuera del aula. Se codificaron los datos identificando la frecuencia de aparición de las emociones en los informes de los participantes sobre sus experiencias de aprendizaje. Una de las emociones más frecuentes fue el amor (entendido como un fuerte sentimiento positivo hacia el idioma que se estudia), al igual que el disfrute. Estas dos emociones surgieron, sobre todo, en las relaciones de los participantes con miembros de la familia, maestros y hablantes de inglés, en general. Además, se manifestaron, entre otras actividades, en las tareas en el aula y los viajes al extranjero. Un hallazgo particularmente interesante es que la emoción del amor ayudó a mantener el compromiso con el aprendizaje, en especial ante algunas dificultades en el aula, como la falta de disfrute de ciertas tareas o distorsiones de compañeros. Esta capacidad de persistencia en los esfuerzos de aprendizaje no se percibió en el caso de los estudiantes que experimentaron otra emoción positiva menos intensa y menos duradera. Este estudio hace patente la complejidad y singularidad de los estudiantes de idiomas. Además, constata la importancia de ver a los aprendientes como seres socioculturales que influyen y son influenciados por el entorno que los rodea. Por esta razón, Pavelescu y Petrić (2018), como antes recomendaron Ross y Rivers (2018), exhortan a investigar las emociones más allá de las aulas, tomando en cuenta el contexto, que en muchas ocasiones se convierte en el espacio donde se desarrolla el proceso de aprendizaje. Si bien es cierto que este tipo de estudio sería muy difícil en contextos de no inmersión, con el empleo de las nuevas tecnologías y toda la comunicación en línea, cada vez más los alumnos pueden verse inmersos en situaciones reales donde usar la L2, pero dentro de la clase, lo que podría generar otras dinámicas. El uso genuino de la lengua extranjera rodeado de compañeros y del profesor sería un nuevo escenario a explorar.

Comunicarse es el fin último del aprendizaje de una lengua. *Willingness to Communicate* (WTC) es un constructo que recoge esa predisposición del estudiante ante la comunicación usando la L2 (MacIntyre *et al.* 1998). Dewaele (2019a) examinó si la WTC en un idioma extranjero está vinculada a variables como el disfrute, la ansiedad, la actitud hacia la lengua que se aprende y hacia el profesor, así como a la amabilidad, rigor y acento del docente y a la frecuencia con que se usa la lengua extranjera en clase. La muestra estaba formada por 210 participantes españoles, 151 mujeres y 58 hombres (uno prefirió no contestar) de edades que oscilaban entre los 18 y los 63 años. Tras el análisis de los datos recogidos a través de cuestionarios, se arribó a la conclusión de que la WTC está en el centro de una compleja y dinámica red de emociones que interactúan y que están afectadas por una diversidad de variables internas y externas del alumno. Los hallazgos mostraron que la ansiedad de los estudiantes influyó negativamente en su WTC y que el disfrute y el uso frecuente de la lengua extranjera por parte del profesor favoreció WTC. De acuerdo con Dewaele (2019a), estos datos deben ser interpretados con cierta cautela porque FLCA y FLE son dimensiones separadas que no tienen una relación bidireccional estricta, como ya se había mencionado. Las estrategias para disminuir la ansiedad no estimulan de forma automática el disfrute. Asimismo, una FLCA baja no es garantía de mayor WTC. Los estudiantes desinteresados no disfrutan, pero puede que tampoco estén ansiosos, mientras que los comprometidos pueden experimentar a la vez altos niveles de ansiedad y de disfrute (Dewaele y MacIntyre 2014). Todo esto pone de manifiesto que hay muchas variables que se escapan al control de los docentes. Ante este panorama, es recomendable que los docentes creen ambientes agradables en las clases. Un entorno favorable, unido a actividades motivadoras, puede ofrecer a los estudiantes la oportunidad de comprometerse con el proceso de aprendizaje. Dewaele (2019a) sugiere que estudios venideros realicen investigaciones interdisciplinarias sobre WTC para profundizar más en la complicada red de efectos directos e indirectos que forma este constructo y las emociones. Sugiere, además, que se estudie en qué medida las actitudes intergrupales locales afectan a WTC de los estudiantes que adquieren dos o más lenguas extranjeras simultáneamente.

En una investigación que se publicó en el mismo año, Dewaele y MacIntyre (2019) llevaron a cabo un estudio de métodos mixtos, cualitativo y cuantitativo, basado en los comentarios de 533 mujeres y 207 hombres, estudiantes de lenguas extranjeras de todo el mundo, aunque la gran mayoría estudió en Europa, y con un promedio de edad de 26 años. La investigación analizó la relación entre FLCA y FLE y la influencia de género y del área geográfica donde se estudia la lengua extranjera en dichas variables. Además, se investigó cuáles eran los efectos de la edad, la cantidad de idiomas que se conocen, las variables internas del alumno y las relacionadas con el maestro y los rasgos de personalidad multicultural en FLE y FLCA de los alumnos. Para la recogida de datos los participantes cumplimentaron el *Multicultural Personality Questionnaire* de 40 ítems que miden cinco dimensiones de personalidad relevantes para el éxito multicultural: empatía cultural, iniciativa social, apertura mental, estabilidad emocional y flexibilidad (van der Zee *et al.* 2013), así como cuestionarios de FLE y de FLCA. Los datos cualitativos fueron recogidos a través de descripciones de episodios en el aula en los que los participantes experimentaron intensamente FLE y FLCA y que fueron codificados según la(s) fuente(s) de la emoción. Al igual que investigaciones anteriores, Dewaele y MacIntyre (2019) concuerdan en que FLE y FLCA son dimensiones relativamente independientes. Así lo han demostrado tanto una correlación negativa como los análisis de regresión múltiple que demostraron que FLE y FLCA son dimensiones predichas por distintas variables independientes.

Según los resultados, en primer lugar, el docente y, en segundo lugar, el nivel de empatía cultural de los alumnos influye directamente en el disfrute, mientras que la estabilidad emocional y la posición relativa del alumno en la clase intervienen en la FLCA. Dewaele y MacIntyre (2019) concluyeron que el entorno influido por el docente y los compañeros tienen un impacto especial en las emociones de los participantes. El contexto social general parece tener un efecto más fuerte en FLE, ya que los ambientes positivos en el aula pueden fomentar el sentido de comunidad, de propósito común y de flujo. Resulta especialmente interesante el aspecto de cómo este mismo contexto social puede en ocasiones ser fuente de ansiedad si los alumnos perciben que el docente y/o los compañeros evalúan de forma negativa su rendimiento. Una vez más la investigación apunta a la idea de que los profesores deberían fomentar condiciones favorables para propiciar el disfrute en lugar de tratar de reducir la ansiedad. El diseño mixto de esta investigación facilitó que se complementaran ambos tipos de datos ofreciendo un panorama bastante amplio del tema investigado. Los autores, como líneas futuras de investigación, sugieren que se podría incluir estudios de intervención para explorar qué acciones de los maestros durante una sola clase de L2 están vinculadas a puntuaciones máximas en FLE y FLCA. Consideramos, además, que sería interesante este mismo planteamiento en un estudio longitudinal, es decir, investigar cómo cambian los niveles de disfrute y ansiedad en relación con los maestros a lo largo tiempo.

Otro estudio centrado en el disfrute y la ansiedad fue desarrollado por Dewaele, Franco Magdalena y Saito (2019). La muestra estuvo formada por 210 participantes de toda España que estudiaban inglés como lengua extranjera en el momento de recogida de datos. En muchos casos combinaban el español con otras L1, tales como catalán, gallego, portugués, entre otras lenguas. Los objetivos del estudio incluyeron investigar qué relevancia tienen como fuente de FLE y FLCA el acento extranjero, un tema bastante novedoso. En este caso se consideró al profesor como usuario de inglés L1 (aquellos que aprendieron inglés antes de los 3 años) o como usuario de inglés LX (quienes empezaron a hablar inglés después de los 3 años). La investigación, además, analizó la influencia que tienen en las emociones de disfrute y ansiedad otras características del docente como la amabilidad, la rigurosidad, la frecuencia de uso de la LE en clase y el género. También, al igual que investigaciones previas, se examinó la relación entre FLE y FLCA. Todos los datos se recogieron mediante un cuestionario en línea de acceso abierto que recopiló información sobre todas las variables citadas anteriormente. La investigación, corroborando estudios anteriores, confirmó que el disfrute y la ansiedad de los alumnos no son los extremos opuestos de un único espectro emocional, sino que son emociones independientes, aunque los niveles más altos de FLE generalmente estuvieron relacionados con niveles más bajos de FLCA. La amabilidad y el acento extranjero en inglés fueron las características del profesor que explicaron cerca del 20 % de la variación en FLE, mientras que otras tres características –la edad de los maestros, la inflexibilidad del profesor y el uso de lengua L2 en clase– explicaron solo el 8 % de la variación en FLCA. Este resultado vuelve a poner de manifiesto que los docentes tienen más posibilidad de impulsar el disfrute de sus alumnos que limitar su ansiedad (Dewaele y MacIntyre 2014). Los autores argumentan que es probable que algunas características, como el acento extranjero, tengan un impacto negativo más fuerte en el disfrute de los alumnos a principios de curso. Pero este efecto puede desaparecer gradualmente a medida que los alumnos comienzan a apreciar las habilidades de su profesor y desarrollan una relación de confianza mutua. Del mismo modo, la inflexibilidad del maestro podría influir de manera más significativa en la ansiedad al comienzo del curso que más tarde, cuando los alumnos se dan cuenta de que su maestro es estricto, pero empático. Por esta razón, para obtener una mejor comprensión de la influencia de las características de los docentes en FLE y FLCA, Dewaele, Franco Magdalena y Saito (2019) sugieren el empleo de diseños longitudinales que puedan estudiar la dinámica de las emociones y sus causas a lo largo del tiempo.

Siguiendo con la investigación de las emociones, pero centrados en los efectos de la percepción de los estudiantes sobre la felicidad de los maestros, Moskowitz y Dewaele (2021) investigaron el contagio emocional en la clase de LE. Mediante un cuestionario en línea, recopilaron datos de estudiantes adultos de todo el mundo que estaban matriculados en clases de inglés desde nivel intermedio hasta nivel avanzado. Se preguntó a los participantes, por una parte, sobre su percepción de varios aspectos de la felicidad de sus profesores y, por la otra, sobre sus propias actitudes y motivación para estudiar inglés. Los hallazgos constatan que la percepción de los estudiantes sobre la felicidad del maestro tenía una relación significativa y positiva con su actitud y motivación general para el aprendizaje, así como con la actitud hacia el profesor. De esta forma, los resultados del estudio ilustran el proceso de contagio emocional positivo de docentes a alumnos. No obstante, habría enriquecido la investigación haber podido contar con la percepción de los docentes, como los propios autores mencionaron. Investigaciones venideras podrían incluir también la perspectiva de los profesores sobre la felicidad de sus alumnos. Asimismo, señalaron Moskowitz y Dewaele (2021) que también debería explorarse más el contagio de felicidad, por las posibles y rentables implicaciones pedagógicas en el proceso de aprendizaje de una lengua extranjera.

En otro estudio de diseño mixto, publicado en el mismo año que las dos investigaciones previamente citadas, Jiang y Dewaele (2019) se propusieron determinar en qué medida los niveles de FLE y FLCA en el aula, experimentados por 564 estudiantes chinos de inglés como lengua extranjera en estudios de pregrado, diferían de los registrados en estudiantes fuera de China. Los análisis de regresión múltiple revelaron que FLE estaba vinculado con más fuerza a variables relacionadas con el maestro, mientras que FLCA estuvo determinada principalmente por variables internas del alumno, lo que coincide con los resultados de investigaciones anteriores fuera de China. El análisis cualitativo de las experiencias emocionales de los alumnos una vez más mostró que FLE se vincula más a la labor del profesor, mientras que FLCA estaba más relacionado con las características internas de los propios alumnos. La inflexibilidad y la poca previsibilidad del profesor junto a la ansiedad ante las pruebas y exámenes fueron algunos de los temas que más reportaron los estudiantes como motivo de ansiedad. Concretamente, la imprevisibilidad del profesor ha sido un aspecto que en otros contextos se ha vinculado al disfrute. Dewaele (2015), por ejemplo, abogó a favor de que los profesores incorporaran elementos inesperados y desafiantes en su enseñanza, pero las pruebas demuestran que la imprevisibilidad puede ser tanto motivo de FLE como de FLCA, dependiendo del contexto. Es oportuno mencionar que este estudio relacionó la ansiedad de los estudiantes con el contexto orientado a los exámenes. Esta es una muestra de cómo el entorno, en este caso el sistema, puede influir en el estado emocional de los alumnos. Jiang y Dewaele (2019) recomiendan que futuras investigaciones hagan estudios longitudinales que puedan ahondar en las causas de las emociones, para así tener una comprensión global de los porqués del estado emocional de los estudiantes.

Alenezi (2020) analizó los datos aportados por 163 alumnos de pregrado que estudiaban en Arabia Saudita con edades comprendidas entre 18 y 22 años.

Los 93 hombres y las 70 mujeres que participaron en el estudio fueron seleccionados mediante un muestreo aleatorio estratificado. De ellos, 89 participantes cursaban estudios en carreras de Ciencias y 74 en carreras de Humanidades. La investigación empleó una metodología mixta donde el autor recogió los datos cuantitativos mediante un cuestionario y a través de entrevistas se recopilaron los datos cualitativos. El objetivo del estudio era analizar las diferencias entre el nivel de ansiedad académica y el disfrute en el aprendizaje del inglés como lengua extranjera, empleando como variables el género y la carrera (Ciencias o Humanidades). Asimismo, estudió la correlación entre la ansiedad académica y el disfrute en el proceso de aprendizaje del inglés como segunda lengua. El análisis estadístico mostró, en primer lugar, una correlación negativa entre el disfrute en el aprendizaje de inglés como lengua extranjera y la ansiedad por la lengua extranjera entre los estudiantes de pregrado. En segundo lugar, no hubo diferencias estadísticamente significativas en el nivel de ansiedad académica y el disfrute en el aprendizaje del inglés como lengua extranjera con respecto a la variable de género. En tercer y último lugar, el análisis reveló diferencias estadísticamente significativas en el nivel de ansiedad por el idioma extranjero a favor de los encuestados de las carreras de Humanidades, mientras que hubo diferencias estadísticamente significativas en el nivel de disfrute de aprender inglés como idioma extranjero a favor de los encuestados de las carreras de Ciencias. Finalmente, los resultados sugirieron que había otras razones para la ansiedad académica y el nivel de disfrute de aprender inglés como lengua extranjera, que incluían, entre otras, antecedentes deficientes en el aprendizaje de la L2, falta de interés, empleo de métodos poco efectivos para aprender inglés y ambientes poco motivadores en las clases. El disfrute se relacionó con el cumplimiento de las metas alcanzadas en función de los objetivos académicos. Esta investigación también muestra cómo el contexto puede ser un factor determinante en las emociones. En este caso, los estudiantes vinculan su FLE, sobre todo, al éxito en las evaluaciones porque la nota puede ser un factor determinante en su futuro profesional. Aunque el autor no sugiere líneas abiertas de investigación que deja su estudio, ante sus hallazgos se puede deducir que continuar con la investigación en materia de emociones en el contexto saudí podría aportar aplicaciones pedagógicas relevantes para la mejora del proceso de aprendizaje.

Con el fin de contribuir con nueva información que esclarezca la naturaleza de la relación entre FLE y FLCA, Botes, Dewaele y Greiff (2020b) analizaron cómo el nivel de multilingüismo y el nivel de competencia autopercibido en lengua extranjera podría influir en el disfrute y la ansiedad. La muestra de la investigación estuvo compuesta por 1622 estudiantes de lenguas extranjeras de todo el mundo. La edad media de los participantes fue de 23.97 años, siendo el 79.28 % de la muestra mujeres. La mayoría de los participantes eran aprendientes de inglés seguido de francés y español. En total, esos estudiantes aprendían 43 idiomas diferentes. Los investigadores incluyeron en el cuestionario una pregunta en la que los encuestados enumeraban los idiomas que conocían. Con esta información los participantes se agruparon en bilingües, trilingües, cuatrilingües y pentalingües. Con respecto a la competencia autopercibida, los participantes calificaron su dominio del idioma que estaban aprendiendo en el momento en que se desarrolló la investigación. FLCA y FLE se midió con las escalas de 8 y 21 ítems respectivamente (Dewaele y MacIntyre 2014). Los resultados revelaron que el nivel de multilingüismo del estudiante y el nivel de dominio autopercibido de idiomas estaban relacionados con FLCA y FLE, lo que muestra la influencia que tienen dichas variables en las emociones positivas en el alumno de lenguas extranjeras. Botes, Dewaele y Greiff (2020b) comparan el nivel de lengua autopercibido y el multilingüismo como un motor que impulsa FLE y controla FLCA. Como los propios autores mencionan, el estudio tiene algunas limitaciones que se podrían mencionar. Entre otras, se utilizaron medidas de autoinforme que no reflejan necesariamente el nivel de competencia de los participantes; se les preguntó por el dominio aproximado de una lengua que estuvieran aprendiendo en ese momento, pero no se tuvo en cuenta el nivel de competencia en el resto de las lenguas que dominaban. Con respecto al multilingüismo, además, se deben considerar otros aspectos como la distancia lingüística entre la L1 y la(s) L2, lenguas que no se verbalizan, como es el caso del lenguaje de signos, etc. Es pertinente mencionar también la dificultad de precisar la causalidad entre las variables. Botes, Dewaele y Greiff (2020b) asumen que el multilingüismo y el dominio autodeclarado podrían afectar a las emociones experimentadas por los estudiantes. Sin embargo, las emociones podrían ser factores causales, ya que un nivel bajo de ansiedad y un nivel alto de disfrute podría motivar a un alumno a dominar una lengua y a aprender, además, un nuevo idioma. En este sentido y debido a la complejidad del universo multilingüe, Botes, Dewaele y Greiff (2020b) proponen que investigaciones futuras utilicen herramientas más sofisticadas, especialmente para medir la dinámica de los cambios en cada momento de la competencia autopercibida y su influencia en las emociones. La globalización ha provocado un cambio en el panorama del multilingüismo a nivel mundial. Cada vez son más las personas que por necesidad o por posibilidad aprenden y llegan a dominar nuevas lenguas. Si a esto le sumamos el aspecto emocional, encontraremos que multilingüismo y emociones forman un área con un vasto campo de investigación para la lingüística aplicada.

En otra investigación publicada en ese mismo año, Dewaele y Dewaele (2020) examinaron los datos proporcionados por 17 mujeres y 23 hombres, estudiantes de secundaria y submuestra extraída de la muestra completa de 189 participantes en Dewaele *et al.* (2018). El objetivo era investigar en qué medida los profesores que imparten la misma LE en la misma clase influyen en las emociones de disfrute y ansiedad de sus alumnos, es decir, si los alumnos que tienen dos profesores diferentes para la misma L2 que aprenden podrían experimentar niveles similares de FLE y FLCA con ambos docentes. Este estudio, que tiene un diseño pseudo-longitudinal, se puede enmarcar en la línea de investigación abierta dejada por Dewaele y MacIntyre (2019) antes mencionada. Las variables analizadas fueron la frecuencia de uso de la lengua extranjera en clase, el promedio de tiempo dedicado a escribir, leer, escuchar y hablar en esa lengua, la previsibilidad en las clases y las actitudes hacia los profesores. Los alumnos cumplimentaron un cuestionario que incluía una sección de datos sociodemográficos y de preguntas orientadas a las diferencias entre los profesores. Además, completaron otra sección con 10 ítems, que se extrajeron del cuestionario FLE (Dewaele y MacIntyre 2014) y otros 8 ítems extraídos de FLCAS (Horwitz, Horwitz y Cope 1986). El análisis estadístico reveló que FLCA fue constante con ambos maestros, mientras que FLE fue significativamente mayor con el maestro principal, con el que también se vincularon las actitudes positivas hacia el docente, la frecuencia de uso de la lengua extranjera en las clases por parte del maestro y la imprevisibilidad. El análisis a nivel de ítem reveló que la creación de una atmósfera emocional positiva en la clase por parte del maestro contribuyó a niveles FLE más altos. La originalidad de esta investigación radica en el análisis de un mismo grupo, que estudia las mismas lenguas con dos profesores diferentes, por lo que la variación en las emociones se debió, fundamentalmente, al cambio de docente. Este estudio, aunque no plantea explícitamente futuras líneas de investigación, debido a las implicaciones pedagógicas de sus resultados, incita a continuar ahondando sobre el tema de la capacidad de los maestros para medir la temperatura emocional de la clase. Este enfoque, evidentemente, puede ayudar a los docentes a crear un ambiente motivador y propicio para el aprendizaje en las clases de L2.

En la misma línea de Moskowitz y Dewaele (2021), que abordaron la percepción de los alumnos y el contagio emocional, ya antes mencionado, Dewaele y Li (2021) centraron su investigación en el entusiasmo del profesor percibido por los estudiantes y su papel mediador en su disfrute, aburrimiento y participación en el comportamiento social en la clase de L2. Además, investigaron cómo el disfrute y el aburrimiento de estos estudiantes co-median la relación entre el entusiasmo percibido de sus profesores de inglés como lengua extranjera y su participación socio-conductual en las clases de L2. El objetivo de este estudio fue fundamentar un modelo de mediación paralela donde las emociones de los estudiantes median la relación entre el entusiasmo del docente y el compromiso de los estudiantes. La muestra estudiada estuvo constituida por 2002 participantes, de 58 clases de lengua extranjera de 11 universidades diferentes en China continental. Los análisis revelaron correlaciones de pequeñas a grandes magnitudes entre el entusiasmo docente percibido, disfrute, aburrimiento y compromiso de aprendizaje social-conductual. El disfrute y el aburrimiento co-mediaron el efecto del entusiasmo docente percibido por los estudiantes en su compromiso. Estos resultados brindan datos que sustentan el modelo de mediación paralela propuesto por los autores. En otros términos, el entusiasmo docente percibido por los alumnos influyó en su compromiso, ya sea directa o indirectamente, e incidió en las emociones de logro. Por lo tanto, parece que cuando los alumnos perciben que sus profesores de inglés son más entusiastas en las clases, es más probable que experimenten emociones positivas como disfrute e interés, y menos emociones negativas como ansiedad y aburrimiento. Las entrevistas con los participantes también señalan que el entusiasmo de los docentes influía en la motivación y compromiso de los estudiantes. Asimismo, a veces una atmósfera positiva en clase aumentaba el disfrute y el esfuerzo, y reducía el aburrimiento. Los resultados también demostraron que la falta de entusiasmo y compromiso por parte de algunos profesores motivaba la desconexión, afectaba negativamente el disfrute y dañaba el ambiente del aula. Ante estos resultados, se hace evidente que los profesores deben hacer un esfuerzo por crear un ambiente que estimule a los alumnos a desarrollar sus competencias en la L2 y concienciarse de que sus conductas influyen en las actitudes de sus estudiantes hacia la nueva lengua y en el propio proceso de aprendizaje. Dewaele y Li (2021) alientan la exploración de un espectro más amplio de emociones a través de diseños de investigación más rigurosos y diversos que permitan la triangulación.

A modo de conclusión, tras la revisión del marco teórico disponible, se puede decir que en la actualidad hay un interés creciente de los investigadores por las emociones positivas, que va más allá de la naturaleza de las relaciones entre FLE y FLCA. Existe amplia evidencia de que FLE y FLCA son dimensiones independientes sujetas a diferentes variables tanto internas como externas al estudiante. Entre las variables externas hay que destacar el papel de los profesores, quienes pueden influir mucho más en FLE de sus estudiantes que en su FLCA. Las investigaciones consultadas muestran pruebas de que los alumnos relacionan episodios de disfrute con los docentes y el ambiente de la clase. Profesores amables y cercanos, que empleen actividades interesantes y entretenidas son una fuente activa de disfrute. Algunos de los relatos sobre episodios de disfrute se ubicaron fuera del aula, aunque los cuestionarios les pedían a los alumnos que describieran un evento o episodio de su clase de L2 (Dewaele y MacIntyre 2014). Este hecho parece indicar que el uso de la lengua que cubre una necesidad de comunicación real implica un alto grado de disfrute (Ross y Rivers 2018). Por otra parte, en la actualidad, las redes sociales propician constantemente oportunidades para la comunicación con nativos, por lo que los alumnos pueden tener ocasión de utilizar la L2 en la vida real con relativa facilidad. Además, muchas escuelas, sobre todo en el contexto europeo, viajan a países donde se habla el idioma que se enseña como lengua extranjera.

Es decir, el uso de la lengua en situaciones reales en contextos de no inmersión comienza a formar parte del proceso de aprendizaje de la L2. A esto se debe añadir el papel que juega la percepción de los estudiantes sobre diferentes temas, que puede inclinar la balanza hacia las emociones positivas o negativas en la clase. Un ejemplo es cómo el alto nivel autopercibido en la L2 influye en el disfrute de los estudiantes. En la línea de las percepciones, solo una de las investigaciones revisadas abordó cómo perciben los estudiantes la influencia de sus profesores en sus emociones en el aula. El presente estudio supone en este sentido una contribución a la bibliografía, ya que analizará episodios de disfrute dentro y fuera del aula; asimismo, analizará cómo los estudiantes perciben que los docentes influyen en sus experiencias emocionales.

Capítulo 3
Metodología

3.1. Diseño de investigación

Para alcanzar los objetivos planteados, presentados en el primer capítulo, se siguieron una serie de pasos que se detallan a continuación y que constituyen nuestro método de investigación. El punto de partida para el diseño metodológico fueron las siguientes preguntas de investigación:

P1: ¿Qué emoción experimenta más un grupo de aprendientes noruegos de bachillerato de español como lengua extranjera: ansiedad o disfrute?

P2: ¿Existe una relación estadísticamente significativa entre FLE y FLCA en un grupo de aprendientes noruegos de bachillerato de español como lengua extranjera?

P3: ¿Qué fuentes de FLE y FLCA se pueden identificar en los relatos de esos estudiantes sobre episodios de disfrute y episodios que provocan ansiedad en el aprendizaje de español como lengua extranjera?

P4: ¿Cómo perciben esos estudiantes la influencia de los profesores en los episodios de disfrute y ansiedad?

Se trata de un estudio de corte transversal en el que se utilizó un método mixto de investigación (Dörnyei 2007). En relación con las preguntas 1 y 2, se recopilaron y analizaron datos numéricos y se utilizaron pruebas de comparación de medias, correlación y regresión lineal. Las preguntas 3 y 4 se respondieron a partir de un conjunto de datos cualitativos utilizando el análisis temático.

3.2. Descripción del contexto de estudio

Noruega tiene una población de aproximadamente cinco millones y medio de habitantes, según informes del Buró Central de Estadísticas Noruego *Statistisk Sentralbyrå* (SSB 2021). El idioma oficial del país es el noruego (en sus dos variantes, bokmål y nynorsk), pero el 86 % de la población adulta domina el inglés, y casi la mitad, además, se puede comunicar en hasta dos lenguas más. Noruega es una nación plurilingüe donde el sistema educativo, especialmente en las últimas décadas, ha priorizado el aprendizaje de idiomas. Con este objetivo, en la reforma *Kunnskapsløftet*[1] 2006 (UDIR 2006) la enseñanza de alemán, francés y español pasó a ser una asignatura obligatoria en las escuelas. Los alumnos pueden elegir entre una de estas lenguas y muchos se decantan por estudiar español. La razón principal de esta elección se puede encontrar en el interés que ha suscitado la lengua española en todo el mundo en los últimos años debido a razones económicas, políticas y culturales. Según datos del SSB, el español es el idioma extranjero que más se estudia y cada año aumenta la cantidad de alumnos que optan por estudiarlo. En 2022, el 51.8 % de los estudiantes de secundaria eligió la lengua castellana como idioma extranjero.

Desde el 2020 comenzó a introducirse en Noruega otra modificación del plan nacional de reforma educativa, *Kunnskapsløftet* 2020 (UDIR 2020). En esta ocasión, con respecto a la enseñanza de idiomas, el cambio afecta al contenido y al enfoque de la asignatura, ahora más orientados a la comunicación (*Utdanningsdirektoratet*[2], UDIR 2020). En bachillerato los estudiantes reciben aproximadamente 112 horas de enseñanza de lengua extranjera y las clases se dividen en nivel I y nivel II. Los alumnos que han estudiado una lengua extranjera durante tres años en secundaria y continúan con la misma lengua en bachillerato se ubican en el nivel II, mientras que los que estudian una lengua diferente a la cursada en secundaria se ubican en el nivel I. El plan de estudios en lenguas extranjeras tiene una clara vinculación con el Marco Común Europeo de Referencia para las lenguas (MCER) del Consejo de Europa (2002). Para francés, italiano, portugués, español, alemán y lengua de signos, el nivel II corresponde a un nivel A2 en el MCER. De tal manera, las competencias formuladas por la Dirección Nacional de Educación y Capacitación noruega (UDIR 2020) para el aprendizaje de una lengua extranjera son que el alumno sea capaz de:

— Escuchar y comprender un discurso claro sobre temas personales y profesionales importantes, así como entender conversaciones sobre asuntos de actualidad, familiares y profesionales en variadas situaciones cotidianas.

— Explicar oralmente temas académicamente relevantes, describir experiencias, eventos y planes, y justificar opiniones, previamente preparadas y de forma espontánea.

---

1. Promoción del conocimiento.

2. *Utdanningsdirektoratet* es la dirección estatal noruega responsable de las guarderías, la escuela primaria y la educación secundaria superior.

— Leer y comprender diferentes tipos de textos, tanto pedagógicos como auténticos, sobre temas personales, de actualidad y de cierta relevancia académica.

— Redactar distintos tipos de textos sobre temas personales y académicamente relevantes, de manera que expresen y justifiquen sus propias opiniones, con y sin material de apoyo[3].

— Usar estructuras lingüísticas básicas, reglas de pronunciación y ortografía y el alfabeto, o signos oficiales del idioma, para comunicarse de una manera adecuada a cada situación.

— Utilizar estrategias de aprendizaje y comunicación relevantes, recursos digitales y experiencias previas de aprendizaje de idiomas en el actual proceso de aprendizaje.

— Explorar y dar cuenta de la diversidad, las condiciones sociales y los eventos históricos en las áreas donde se habla el idioma y ver las conexiones con su propio entorno.

— Explorar y presentar expresiones artísticas y culturales de áreas donde se habla el idioma, y dar cuenta de sus propias experiencias.

La nota final debe ser un reflejo de la competencia global que tiene el alumno en una lengua extranjera tomando como punto de partida los objetivos anteriormente expuestos. Los profesores tienen como tarea planificar evaluaciones donde los alumnos demuestren su competencia a través de actividades que incluyan la comprensión, la reflexión y el pensamiento crítico en diversos escenarios. Los docentes asignarán una calificación en lengua extranjera nivel II en función de la competencia comunicativa e intercultural del estudiante, teniendo en cuenta por igual cómo el alumno se comunica de forma oral y escrita.

Por último, consideramos necesario describir brevemente el sistema de educación en Noruega. Los niños deben cumplir 10 años de enseñanza obligatoria durante los cuales cursan primaria y secundaria. Al terminar, el estudiante puede elegir si continúa con la escuela y pasar a la secundaria superior o bachillerato durante tres años. Para esto puede escoger estudios vocacionales, donde al terminar está capacitado para ejercer una profesión, o estudios generales, que le permiten solicitar la admisión a educación superior. Estos son los alumnos que reciben clases de lenguas extranjeras. Los estudiantes que no logran completar el bachillerato reciben un certificado que demuestra la competencia que han adquirido. De esta forma tienen la posibilidad de continuar estudios más adelante. Es oportuno señalar que el nivel de educación en la población noruega está en

---

3. Durante las evaluaciones está permitido que los alumnos utilicen sus anotaciones, libros de textos, diccionarios y todo el material de apoyo que consideren necesario, a excepción de los programas de traducción.

constante aumento. Tan solo en la última década, el número de estudiantes noruegos en la educación superior, tanto dentro como fuera del país, aumentó en casi 70 000 estudiantes.

3.3. Participantes

La muestra de participantes del presente estudio estuvo formada por estudiantes noruegos de bachillerato de nivel II de español. Concretamente, participaron 67 alumnos, 45 mujeres y 20 hombres (2 no definieron el género) de segundo curso de la enseñanza media superior de entre 16 y 17 años, pertenecientes a tres institutos privados de la comunidad de Viken[4]. Los participantes fueron seleccionados a través de un muestreo no probabilístico por conveniencia. En relación con el número de lenguas que dominaban, en la tabla 1 se constata que más de un 70 % podía comunicarse mínimo en dos idiomas y casi un 20 % en tres idiomas.

Tabla 1. Número de lenguas habladas por los participantes

Número de lenguas	Número de estudiantes	% de la muestra
1	3	4.47
2	49	73.13
3	12	17.91
4	2	2.98
4+	1	1.49
Total	67	100

Respecto al nivel de español autopercibido que tenían los participantes, excepto el 1.49 % que manifestó tener un nivel avanzado y un 10 % que declaró tener un nivel de principiante, el resto tenía un nivel intermedio en alguno de sus grados: intermedio bajo (32 %), intermedio (34 %) e intermedio alto (10 %). Con respecto a la frecuencia con la que los estudiantes hablaban español fuera de clase, a pesar de estar en un contexto de no inmersión, un 4 % mencionó practicar la lengua siempre o a menudo y un 17 % a veces. Además, un 35 % de ellos señaló hablar en clase a veces, mientras que un 16 % comentó que no hablaba casi nunca y

---

4. Viken fue una provincia noruega, establecida el 1 de enero de 2020 mediante la fusión de las provincias de Akershus, Buskerud y Østfold. La provincia fue disuelta el 1 de enero de 2024 y las antiguas provincias fueron restauradas.

un 3 % que nunca habla en clase. Es importante aclarar que los participantes de nuestro estudio durante los cursos 2020-2021 y 2021-2022 habían recibido una buena parte de la enseñanza en línea a causa del confinamiento obligatorio por la pandemia COVID-19 y algo más de la mitad de ellos recibió clases de español en línea como mínimo durante seis meses

3.4. Definición de las variables

Las variables de interés para el presente estudio fueron el disfrute (FLE) y la ansiedad (FLCA). FLE se conceptualiza como un estado positivo donde los retos y las habilidades para enfrentarlos están bien alineados; denota un estado en el que se satisfacen las necesidades psicológicas (Dewaele y MacIntyre 2014: 242). En el presente estudio FLE se midió a través de un cuestionario con preguntas que se responden mediante una escala de Likert de 5 puntos y que engloba tres aspectos del constructo. El primero de estos es el disfrute personal. El segundo componente es el disfrute social que, como su nombre indica, está relacionado con la satisfacción de las necesidades psicológicas-sociales en la clase. Por último, la apreciación del maestro, que es el último aspecto del disfrute medido en este estudio, trata sobre la amabilidad, solidaridad y la capacidad para animar de los docentes.

Con respecto a FLCA, se conceptualiza como la reacción emocional negativa que sienten los aprendientes al estudiar o utilizar una segunda lengua (MacIntyre 1999: 27). FLCA, al igual que FLE, se midió mediante un cuestionario que se responde con escalas de Likert de 5 puntos. Los ítems empleados, en este caso, reflejaban los síntomas físicos de ansiedad, nerviosismo y falta de confianza.

En relación con los eventos de disfrute y ansiedad analizados para dar respuesta a la tercera pregunta de investigación, partimos de dos de las definiciones de evento presentes en el Diccionario de la Real Academia Española (RAE): «Eventualidad, hecho imprevisto, o que puede acaecer» y «Suceso importante y programado, de índole social, académica, artística o deportiva» (Real Academia Española, s. f., definición 2 y 3). Nos hemos decantado por considerar ambas definiciones, ya que los eventos que narraron los participantes podrían tratar sobre pruebas, exámenes o presentaciones, es decir, situaciones para las que, en principio, estaban preparados o episodios que sucedieron en la cotidianidad de la clase.

En cuanto a la percepción, adoptamos la visión de Shuell (2001) quien señala que la percepción es un conjunto de actividades y respuestas sociales y psicológicas de los alumnos; en otras palabras, es la forma en que cada estudiante percibe, interpreta, procesa y comprende las actividades del aula, no lo que hace el maestro.

3.5. Instrumento de recogida de datos

La recogida de los datos para el presente estudio se llevó a cabo mediante un cuestionario compuesto por 14 preguntas distribuidas en 4 secciones (véase Anexo 1). Dicho cuestionario comenzó con una sección de datos demográficos referidos a la edad de los participantes, género, instituto y curso. Además, se recogió información sobre el número de lenguas que dominaban los participantes, nivel autopercibido de su dominio del español, calificación final obtenida el curso anterior en la asignatura de español como lengua extranjera, tiempo durante el cual recibieron clases de español a distancia durante la pandemia de COVID-19 y la frecuencia con la que hablaban español tanto en clases como fuera de estas.

En la segunda sección del cuestionario se pidió a los participantes que indicaran en una Likert de 5 opciones (1 = muy en desacuerdo, 5 = muy de acuerdo) el grado de conformidad con 9 ítems que describían FLE en el proceso de aprendizaje de español. Estos ítems constituyen la versión abreviada y validada de S-FLE por Botes, Dewaele y Greiff (2021) y se agrupan en tres temas: (1) disfrute de las clases, aprendizaje de contenido interesante y satisfacción u orgullo de los logros obtenidos; (2) buen ambiente de la clase de español, unión del grupo y momentos de risa durante las sesiones; y (3) amabilidad, solidaridad y capacidad para animar de los docentes.

La tercera sección del cuestionario evaluó FLCA a través de Short-Form FLCAS (S-FLCAS) de Dewaele y MacIntyre (2014) y validados por Botes *et al.* (2022). De los 8 ítems empleados, en este caso, dos se redactaron para denotar baja ansiedad (puntuación inversa) y seis para reflejar alta ansiedad. Los ítems trataron sobre: la ansiedad a pesar de estar preparados; el sentimiento de que todos hablan mejor que uno mismo; la sensación de que se acelera el corazón si se tiene que hablar en clase; preocupación por cometer errores (codificación inversa); seguridad al hablar en clases (codificación inversa); nerviosismo al hablar en clases; estado de pánico por hablar sin preparación y sentir vergüenza de hablar voluntariamente. En la cuarta y última sección del cuestionario se incluyeron tres preguntas abiertas donde los participantes describieron eventos de ansiedad y disfrute y cómo percibían que sus profesores habían influido en estos.

Como se ha observado previamente, es relevante destacar que el cuestionario empleado en el presente estudio ha sido validado en inglés y empleado en investigaciones anteriores. Por esta razón, se mantuvieron las preguntas en este idioma y solo la primera y última sección se tradujeron, además, al noruego. Como se añadieron algunas preguntas al principio y al final, el cuestionario también fue pilotado con tres participantes con características similares a las de la muestra final (véase Anexo 2). También se debe apuntar que el cuestionario fue anónimo y se obtuvo el consentimiento individual de cada alumno para formar parte de este estudio. Se debe precisar que no se recogió el consentimiento de los padres amparados en jf. *barneloven § 33 og de alminnelige kravene til gyldig samtykke* (Datatilsyne 2022)[5] que indica que, en ciertas situaciones, como en nuestro caso, los menores de 18 años pueden dar su consentimiento si son capaces de dar su consentimiento, valga la redundancia, informado y voluntario. La ley exige tener en cuenta la madurez de los menores y si la información proporcionada se adapta a su edad y capacidad de comprensión sobre lo que está consintiendo.

3.6. Procedimiento

La recogida de datos se llevó a cabo entre el 28 de septiembre y el 14 de octubre de 2022. A los estudiantes se les solicitó participar en el estudio (véase Anexo 3) a través de sus profesoras de español, quienes se encargaron de administrar el cuestionario durante una clase. Cada alumno recibió información sobre el propósito de la investigación, así como detalles sobre el consentimiento informado (véase Anexo 4a) y el tratamiento de datos personales (véase Anexo 4b). Todos dieron su consentimiento expreso de participación a través de la firma de un documento que lo acredita (véase Anexo 4c). Los 67 cuestionarios cumplían los requisitos para ser analizados, ya que fueron respondidos íntegramente y no había datos extraños o disonantes.

Los datos numéricos de la segunda y tercera sección del cuestionario se codificaron y analizaron mediante el programa estadístico JASP Versión 0.17.3 (JASP Team 2022). Para los eventos de disfrute y ansiedad que narraron los participantes, se realizó un análisis temático (Braun y Clarke 2006) de los episodios descritos utilizando el software para análisis cualitativos ATLAS.ti (versión 9). Dicho análisis se llevó a cabo en dos momentos. Primero, como sugiere Gibbs (2012), se distinguieron partes del texto que ejemplificaban códigos extraídos de Jiang y Dewaele (2019), relacionados con FLE y con FLCA. Los códigos vinculados a la ansiedad utilizados fueron: hablar frente a la clase, hablar sin preparación previa, miedo al fracaso, actividades específicas desafiantes, imprevisibilidad e inflexibilidad del profesor y ansiedad provocada por el buen desempeño de los compañeros. Los códigos asociados al disfrute fueron: buen rendimiento lingüístico, habilidades del profesor, contenidos didácticos, apoyo del profesor y orgullo por superar los propios límites. En un segundo momento, se integraron nuevos códigos que sobrevinieron tras nuevas lecturas de los relatos. Para finalizar, los códigos se agruparon

---

5. La Autoridad de Protección de Datos de Noruega es un organismo público de control noruego que se encarga de garantizar que la privacidad y la seguridad estén salvaguardadas en el procesamiento de registros de datos digitales.

en temas y estos, a su vez, en categorías. De la misma manera se procedió para analizar las respuestas a la última pregunta, que trató sobre la percepción que tienen los participantes de la influencia de sus profesores en los eventos narrados. En este caso, los códigos se agruparon en dos temas: destrezas del profesor y características del profesor que provocan ansiedad.

Tomando como punto de partida las investigaciones afines citadas en el capítulo 2, se procedió a la interpretación y discusión de los resultados. De acuerdo con las preguntas de investigación presentadas al comienzo de este capítulo, en el capítulo 4 se detallan los resultados obtenidos.

Capítulo 4

Resultados

Este capítulo recoge los resultados del estudio empírico, que están organizados en el mismo orden que las preguntas de investigación. En primer lugar, nos valdremos de la estadística descriptiva e inferencial para el análisis de los datos numéricos obtenidos a través de los cuestionarios de FLE y FLCA, así como otros datos sociodemográficos relevantes. Luego se exponen las fuentes de disfrute y ansiedad identificadas en los relatos de los participantes sobre episodios agradables y episodios que provocan ansiedad en el aprendizaje de español como lengua extranjera. Para concluir, se recoge la percepción de los participantes sobre el papel que juegan sus profesores en los episodios de ansiedad y disfrute.

4.1. Niveles y relación entre FLE y FLCA

Para investigar si nuestros participantes –estudiantes noruegos de español como lengua extranjera– experimentaron más disfrute o más ansiedad en el proceso de aprendizaje se calcularon sus puntuaciones medias en los cuestionarios de FLE y FLCA (tabla 2). Para FLE, la media fue de 3 365, mientras que para FLCA la media fue de 3 528. Asimismo, observamos que los valores de asimetría y de curtosis de ambas variables eran menores a uno, por lo que se puede asumir una distribución muestral de la media aproximadamente normal.

Con el objetivo de examinar diferencias entre FLE y FLCA, se optó por la prueba paramétrica t de Student para muestras pareadas. Los resultados no mostraron diferencias estadísticamente significativas entre los niveles de FLE y FLCA y el tamaño del efecto fue pequeño ($t(66) = -0.841$, $p = .404$, Cohen's $d = -0.103$). Por otro lado, la aplicación del coeficiente de correlación de Pearson reveló una correlación negativa y estadísticamente significativa de magnitud moderada entre FLE y FLCA ($r = -.514$, $p < .001$) (figura 1).

Tabla 2. Estadísticos descriptivos para FLE y FLCA

	FLCA	FLE
Media	3.528	3.365
Desviación estándar	1.009	0.813
Asimetría	-0.560	-0.619
Error estándar de asimetría	0.293	0.293
Curtosis	-0.283	-0.233
Error estándar de curtosis	0.578	0.578
Mínimo	1.000	1.440
Máximo	5.000	4.670

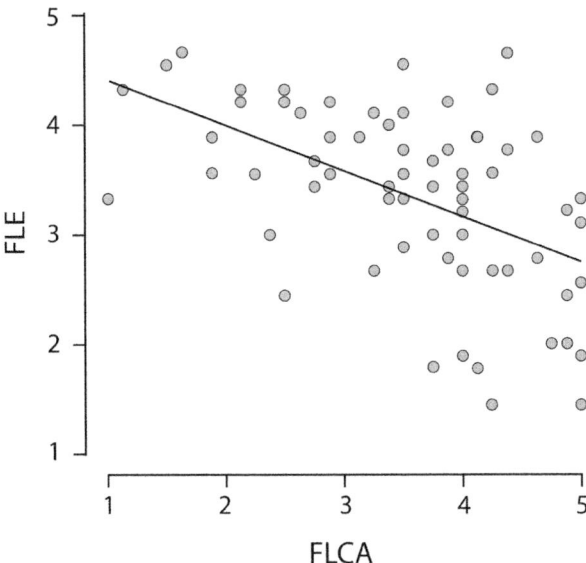

Figura 1. Correlación entre las variables FLE y FLCA

También se llevaron a cabo una serie de análisis complementarios para investigar cómo otras variables contribuyen a los niveles de FLE y FLCA. En primer lugar, si bien no hubo diferencias estadísticamente significativas entre hombres y mujeres con respecto a sus niveles de FLE ($t(63) = -0.917$, $p = .363$), las adolescentes presentaron niveles de FLCA más elevados ($M = 3.713$, $SD = 0.920$) en comparación con los adolescentes ($M = 3.140$, $SD = 1.127$) y estas diferencias resultaron ser estadísticamente significativas ($t(63) = 2.158$, $p = .035$, Cohen's $d = 0.580$). En segundo lugar, en lo que se refiere a la duración de las clases de español a distancia durante la pandemia (6 meses, 9 meses y 12 meses), se llevaron a cabo dos análisis de varianza con corrección de Bonferroni para los contrastes post-hoc, una para FLE (tabla 3) y otra para FLCA (tabla 4). Los resultados mostraron que los estudiantes que asistieron a cursos en línea durante 12 meses ($M = 2.763$, $SD = 0.763$) presentaron niveles de disfrute significativamente más bajos que los que asistieron a los mismos cursos la mitad de tiempo, es decir, solo 6 meses ($M = 3.617$, $SD = 0.607$; $p$bonf $= .019$). Igualmente, aquellos que asistieron a cursos en línea durante 12 meses ($M = 4.407$, $SD = 0.931$) presentaron niveles de ansiedad más elevados que los que solo asistieron a dichos cursos durante 6 meses ($M = 3.191$, $SD = 0.964$; $p$bonf $= .005$). De estos resultados se desprende que asistir a clases de español a distancia durante más tiempo podría haber afectado a los niveles de FLE y FLCA al volver a clase.

Tabla 3. Influencia de clases en línea en FLE

	Suma de cuadrados	gl	Cuadrado medio	F	p	η^2
Clases en línea	5.779	2	2.890	4.881	.011	.132
Residuales	37.891	64	0.592			
		t	$p$bonf			
6 meses	9 meses	2.047	.134			
	12 meses	2.832	.019			
9 meses	12 meses	1.390	.508			

Tabla 4. Influencia de clases en línea en FLCA

	Suma de cuadrados	gl	Cuadrado medio	F	p	η^2
Clases en línea	11.096	2	5.548	6.333	.003	.165
Residuales	56.066	64	0.876			
		t	$p$bonf			
6 meses	9 meses	-2.156	.105			
	12 meses	-3.315	.005			
9 meses	12 meses	-1.783	.238			

Por último, se llevaron a cabo dos modelos de regresión lineal múltiple a fin de comprobar el poder predictivo de algunas variables respecto a los niveles de FLE y FLCA. En el primer modelo, FLE fue la variable de respuesta y FLCA, género, así como nivel autopercibido de competencia lingüística en español fueron las variables predictoras (tabla 5). Mientras que, en el segundo modelo, FLCA fue la variable de respuesta y FLE, género y nivel autopercibido fueron las variables predictoras (tabla 6)[6]. Se ha de aclarar que, aunque la variable género no fue contemplada en los objetivos de investigación que nos propusimos examinar, sí se incluyó en los modelos de regresión efectuados para poder controlar su posible efecto en FLE y FLCA.

Tabla 5. Contribución de FLCA, género y nivel autopercibido en FLE

	B	*t*	*p*	*F*	Adj. R^2
Intercepto	4.029	7.826	< .001	11.108	.321
FLCA	-0.348	-3.803	< .001		
Género	0.037	0.198	.843		
Nivel autopercibido	0.230	2.309	.024		

Tabla 6. Contribución de FLE, género y nivel autopercibido en FLCA

	B	*t*	*p*	*F*	Adj. R^2
Intercepto	6.153	13.102	< .001	11.919	.339
FLE	-0.551	-3.803	< .001		
Género	-0.503	-2.229	.029		
Nivel autopercibido	-0.228	-1.789	.079		

Los resultados de los modelos de regresión confirmaron la contribución significativa de FLE en FLCA y viceversa. De igual manera, estos modelos revelaron que a mayor nivel de competencia lingüística autopercibido, mayor tendía a ser el nivel de disfrute experimentado (p = .024) y menor el nivel de ansiedad, aunque este último vínculo entre nivel autopercibido y FLCA llegó a ser significativo solo al nivel α = .10. Además, al igual que se comprobó mediante las pruebas

---

6. El nivel autopercibido presentó una correlación estadísticamente significativa con la nota que los participantes obtuvieron en una prueba de nivel (r = .305, p = .012), por lo que se consideró una buena medida para ser utilizada en los modelos de regresión.

de comparación de medias, las adolescentes presentaron niveles de FLCA más elevados ($p = .029$).

4.2. Análisis de los episodios de FLE y FLCA

Las fuentes de FLE y FLCA que se presentan a continuación fueron identificadas en los eventos narrados por los participantes de este estudio. Dichos eventos, que interpretaron los alumnos como episodios de disfrute y ansiedad, fueron de diversa naturaleza. Por ejemplo, algunos informantes describieron estos episodios desde una perspectiva general de la experiencia en las clases de español en una determinada etapa, mientras que otros se enfocaron en eventos concretos relacionados con las evaluaciones individuales o grupales, las actividades de clase y el profesor. Es evidente que, al tratarse de emociones, algunos de los relatos tienen una carga afectiva que en muchos casos deja ver la presencia de felicidad, vergüenza, orgullo, entre otras, que, si bien se mencionan, no van a ser objeto de estudio de la presente investigación.

De un total de 134 episodios de disfrute y ansiedad analizados, fueron descartados 8 porque los participantes mencionaron que no experimentaron ningún evento relacionado con las emociones de interés para el presente estudio. Otros 3 episodios tampoco se tuvieron en cuenta por no concretar evento alguno o por no tener el episodio relación con el tema. Con lo cual, fueron codificados en esta fase 123 eventos de FLE y FLCA narrados por los participantes. Se debe señalar que todos los comentarios fueron dados en noruego, excepto en el caso de tres estudiantes que respondieron en inglés. Con el fin de evitar el uso de más de dos lenguas en el presente trabajo, y en aras de facilitar la lectura, todas las respuestas de los informantes, tanto en inglés como en noruego, fueron traducidas al español. Para intentar evitar la distorsión o la pérdida de significado en la traducción, un segundo profesor de español, cuya lengua materna es el noruego, verificó los textos resultantes.

Los eventos descritos por los participantes se examinaron mediante un análisis temático (Braun y Clarke 2006). De esta forma se determinaron y analizaron los temas tratados por los participantes dentro de los datos recopilados empíricamente. En un primer momento se identificaron partes del texto que ejemplificaban los códigos incluidos en una lista inicial confeccionada con ideas temáticas claves (Gibbs 2013) tomadas de Dewaele y MacIntyre (2014) y Jiang y Dewaele (2019). Es importante mencionar que estos códigos fueron corregidos y adaptados al contexto de la presente investigación a medida que se detectaron en las narraciones nuevas ideas y formas de categorizar, como sugiere Gibbs (2013). Por último, se incluyeron nuevos códigos surgidos de temas que emergieron de los episodios y que no estaban en la lista inicial. A continuación, se detallan los pasos seguidos para la codificación de acuerdo con Braun y Clarke (2006):

1) Familiarización con los datos: se leyeron varias veces las respuestas y se anotaron las ideas iniciales.

2) Asociación, adaptación y generación de códigos: se recogieron las características más interesantes de los datos y se fueron agrupando y asociando a los códigos de la lista antes citada. Además, se generaron nuevos códigos que complementaron los ya existentes y se eliminaron algunos que no respondían a la realidad del estudio. De esta forma concluyó el nivel 1 de codificación.

3) Búsqueda de los temas: los códigos se agruparon en temas potenciales y luego se reunieron los datos relevantes para cada uno de dichos temas.

4) Revisión de los temas: se comprobó el listado de temas en relación con los extractos codificados, así como los datos en su conjunto, generando un mapa temático del análisis.

5) Definición y denominación de temas: se repasaron y afinaron los detalles de cada tema y la historia general contada en el análisis. Luego se definieron nombres claros para cada tema, concluyendo así el nivel de codificación 2. En un tercer nivel de codificación, se agruparon los temas en categorías.

6) Elaboración del informe: se seleccionaron ejemplos de extractos esclarecedores e ilustrativos para cada tema. Luego, se analizaron nuevamente dichos extractos, los cuales dan cuenta de las fuentes de disfrute y ansiedad que se identificaron en los relatos.

Como resultado, se definieron un total de 42 códigos, de los que 24 están relacionados con FLE y 17 con FLCA, como se presenta en las figuras 2 y 3. Los códigos se agruparon en temas y a su vez estos en categorías, que también se observan en las figuras antes mencionadas. Cada categoría –tres para disfrute (FLE-fuente interna alumno, FLE-fuente profesor, FLE-fuente grupo) y tres para ansiedad (FLCA-fuente interna alumno, FLCA-fuente profesor, FLCA-fuente grupo)–, está relacionada con la o las personas que directamente causan la emoción: el alumno, el profesor o el grupo. Es decir, la fuente de la emoción da nombre a la categoría; cada categoría abarca varios temas y estos, a su vez, aglutinan una serie de códigos (figuras 2 y 3).

Es importante agregar que hay ciertos episodios donde concurrieron códigos de diferentes temas y categorías; en consecuencia, algunas codificaciones se superpusieron como, por ejemplo, los episodios que mencionan tanto emociones negativas como positivas, así como diferentes fuentes. En otras palabras, hay episodios que involucran varios temas y categorías (véase Anexo 5).

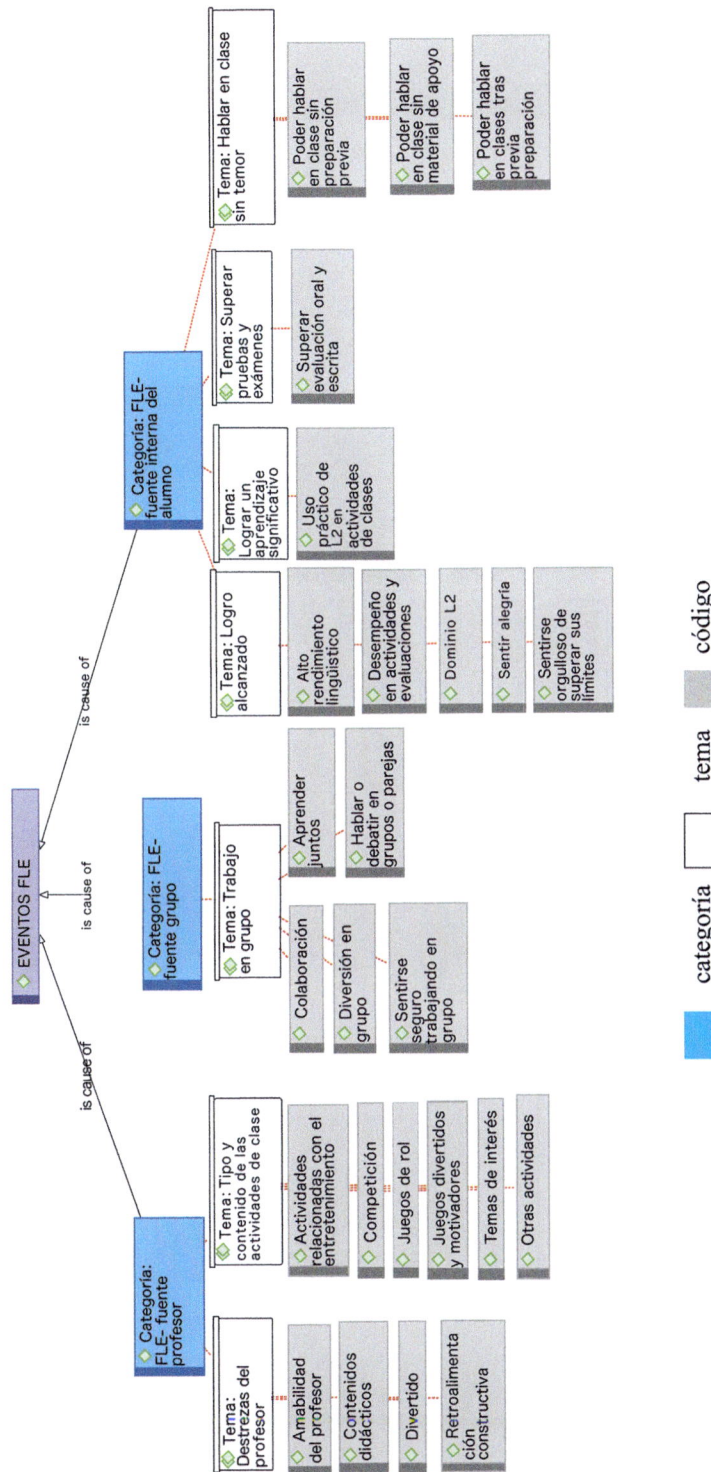

Figura 2. Códigos, temas y categorías en los comentarios de episodios sobre FLE de los participantes

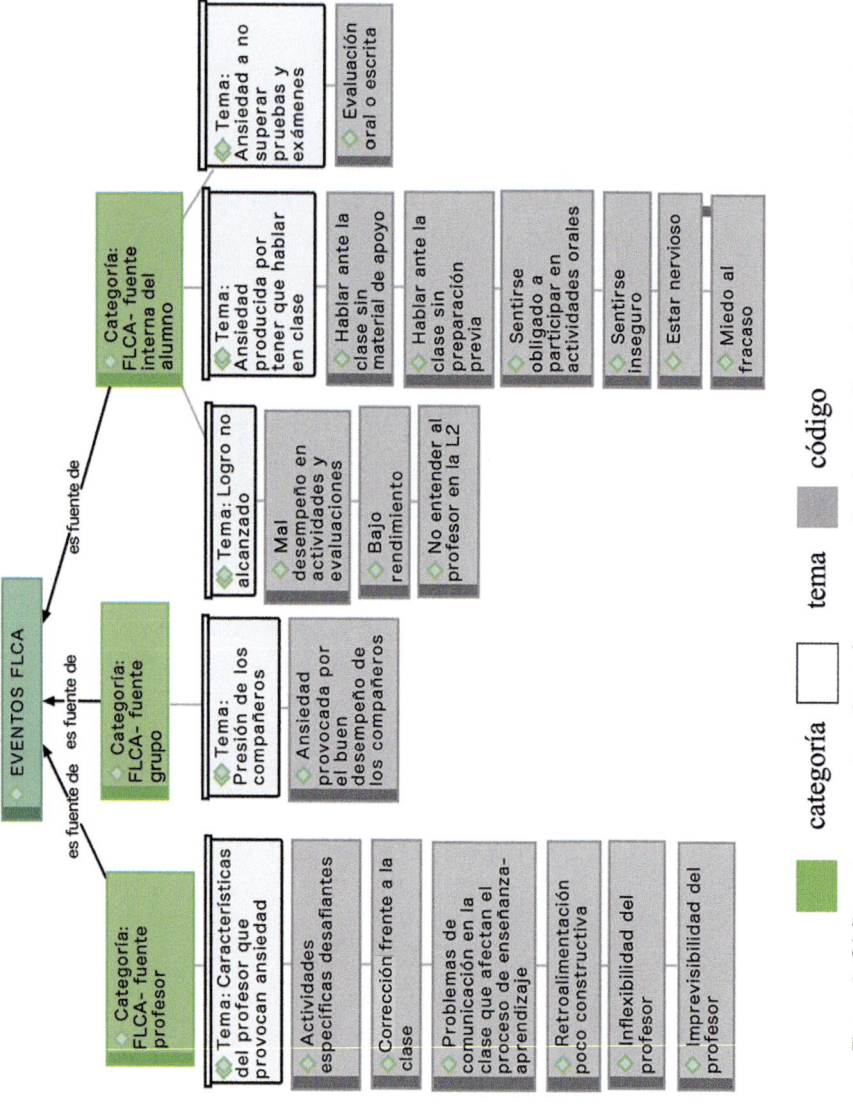

Figura 3. Códigos, temas y categorías en los comentarios de episodios sobre FLCA de los participantes

4.2.1. Principales fuentes de FLE

Los principales temas que emergieron de los comentarios de los participantes en los relatos de disfrute se presentan en la tabla 7, clasificados en orden descendente de frecuencia y porcentaje. Asimismo, se muestran las categorías en las que se agruparon. A este respecto, se debe destacar una categoría, FLE-fuente del alumno, que agrupa casi el 50 % de los episodios. Esto significa que los propios estudiantes son la causa principal de las emociones en casi la mitad de los temas de los eventos de disfrute. En las siguientes secciones se presentan los temas y se hace referencia a los códigos de cada tema que aparecen resaltados en cursiva. Resulta oportuno mencionar que no se pretende hacer una descripción detallada y exhaustiva de cada tema, sino exponer algunas de las fuentes de FLE más importantes para nuestro grupo meta. Con este propósito se han seleccionado relatos representativos de los temas relacionados con los eventos de disfrute en las clases de español de los participantes. Los extractos van seguidos de un número identificativo entre paréntesis.

Tabla 7. Temas principales y categorías sobre episodios de disfrute

Tema	Categoría	Frecuencia	%
Logro alcanzado en L2	FLE – fuente interna del alumno	65	43
Tipo y contenido de las actividades de clase de L2	FLE – fuente profesor	38	25
Trabajo en grupo en la clase de L2	FLE – fuente grupo	27	18
Destrezas del profesor de L2	FLE – fuente profesor	9	6
Lograr un aprendizaje significativo en L2	FLE – fuente interna del alumno	6	4
Superar pruebas y exámenes en L2	FLE – fuente interna del alumno	3	2
Hablar en clase de L2 sin temor	FLE – fuente interna del alumno	2	1

4.2.1.1. Logro alcanzado en L2

Los relatos de los participantes revelaron que para muchos los mejores momentos en el aprendizaje de español se vinculan al *desempeño en actividades y evaluaciones*, código estrechamente relacionado con el *alto rendimiento lingüístico, dominio de la L2, sentir alegría* y *orgullo de superar sus propios límites*. Es preciso resaltar que el *dominio de la L2* es una de las fuentes de disfrute más importantes para nuestros participantes y se puede observar que aparece vinculado a otros códigos y temas. La participante ID 52 relata cómo se sintió orgullosa al constatar el desarrollo de su competencia escrita y su autonomía en español, mientras que el ID 59 se sintió muy satisfecho cuando después de trabajar duro consiguió superar un reto y alcanzar su meta.

> Cuando puedo escribir sin buscar las palabras, siento que domino bastante bien el tema. Me siento muy feliz y orgullosa de mí misma de poder hacerlo (ID 52).

> La mejor experiencia que he tenido en el proceso de aprendizaje del español fue cuando tuve mi primer examen escrito de español en la escuela secundaria. Antes de esta prueba, no me había ido bien en español, pero antes de esa prueba me tomé un tiempo y practiqué mucho. Cuando me dieron los resultados de la prueba, me sentí muy satisfecha, ya que sentí que había dominado lo que habíamos discutido (ID 59).

Los estudiantes también indicaron que las notas altas son, además de una muestra de *dominio de la L2*, uno de los principales motivos de satisfacción personal. Obtener un 6/6 en una prueba es el máximo reconocimiento a un trabajo bien hecho. Los participantes ID 58 e ID 2 se sienten muy orgullosos de haber obtenido la calificación más alta.

> Realmente disfruté cuando obtuve un 6 en el examen de décimo grado. Pensé que sería muy difícil, pero salió bien. Estaba muy orgulloso y feliz (ID 58).

> Cuando estuve en España aprendí español a un buen nivel y hablaba español la mayor parte del tiempo. Cuando volví a la escuela en la clase de español saqué un 6 en un examen. Ese fue el evento que realmente disfruté (ID 2).

Resulta esencial subrayar como la capacidad de gestionar el estrés inicial y responder de manera adecuada, se traduce en uno de los eventos que genera mayor felicidad y satisfacción personal. La participante ID 39 ilustra detalladamente en el siguiente relato cómo experimentó esta situación.

> Estaba muy estresada antes de la presentación, pero cuando comencé a hablar, ese sentimiento se fue. Recordé todo lo que iba a decir y sentí dominio. Estaba nerviosa por las preguntas que me hicieron después de la presentación, porque aquí no había tenido la oportunidad de ampliar nada, pero pude responderlas muy bien y fue una buena sensación. Por lo tanto, me gustaría decir que me gustan los eventos en los que tengo la oportunidad de sentir que estás un poco nerviosa, pero que todo va bien. Yo creo que, si logras algo que has temido un poco, entonces la sensación de dominio es mucho mayor. Sentirse bien y haber dominado algo es una sensación increíblemente buena. Te hace feliz (ID 39).

4.2.1.2. Tipo y contenido de las actividades de clase de L2

Algunos de los estudiantes asociaron su disfrute en el aula a los temas que se trataron en clase como son la cultura de los países hispanohablantes u otros temas más personales, como la familia, el tiempo libre y los sentimientos. Este es el caso de los participantes ID 64 e ID 40.

> Disfruté mucho aprendiendo sobre las diferentes culturas de los países de habla hispana (ID 64).

> Cuando teníamos una presentación oral y teníamos que hablar de la vida, de nuestro tiempo libre y de nuestra familia (ID 40).

Es importante no suponer que el tema en sí mismo garantiza el buen desarrollo de una actividad. El modo en que esta transcurre también contribuye al éxito de la actividad. De tal manera, contenido y forma constituyen la base para el disfrute. En este sentido, se debe mencionar los relatos de los informantes ID 54 e ID 24, ya que comentaron haber disfrutado conversando sobre *temas de su interés* cuando fueron tratados en pareja o en grupos pequeños. Los participantes experimentaron una mayor sensación de seguridad, comodidad y agrado al hablar español en presencia de un grupo reducido de compañeros.

> Me gustó especialmente cuando teníamos que hablar sobre nuestros sentimientos y teníamos que hablar en español en un grupo pequeño. Es seguro hablar en un grupo pequeño y es bueno para practicar el idioma. Creo que es acogedor, agradable y crea un ambiente más cómodo para hablar (ID 54).

Escoger con quién hablar tiene un valor añadido, ya que permite cierta libertad en el intercambio, como experimentó el informante ID 24.

> Fue en la secundaria, cuando todos los alumnos teníamos que dar vueltas por el salón de clases para encontrar a alguien con quien hablar. Teníamos que hablar, por ejemplo, de intereses y cosas que nos gustaba hacer. Este fue un buen ejercicio oral de español. Entonces sentí que estaba solo y que podíamos hablar con más naturalidad entre nosotros. Entonces no estaba nervioso (ID 24).

Los *juegos divertidos y motivadores* también tienen una muy buena acogida entre los estudiantes. En este punto se debe hacer una mención especial a la aplicación Quizlet, por haber sido nombrada en reiteradas ocasiones por los participantes. Quizlet es una aplicación diseñada para facilitar el aprendizaje de los estudiantes dentro y fuera del aula. En especial, en la clase de idiomas, es una herramienta muy útil para el estudio del vocabulario y de la gramática de forma interactiva. En su versión Quizlet Live, la aplicación agrupa aleatoriamente a los estudiantes en equipos que compiten entre sí. Esta forma lúdica de estudio estimula el aprendizaje y genera un ambiente colaborativo en la clase, como apuntó el participante ID 20.

> A veces tenemos Quizlet Live, es una forma divertida de enseñar, donde aplicamos lo aprendido en clase y lo ponemos a prueba. También llegamos a trabajar juntos y el instinto competitivo se activa un poco. Cuando tenemos Quizlet Live me siento más a gusto, además, recuerdo o aprendo mejor las cosas (ID 20).

Los juegos, además, tienen añadido un componente social que podría aumentar el nivel de disfrute entre los participantes. Del testimonio de la participante ID 32 se deduce esta reflexión.

> Una vez jugamos un juego en español, creo que es muy divertido. Pudimos aprender de una manera nueva y fue divertido hacer algo social con la clase de español. Me sentí muy bien y creo que logré mucho (ID 32).

Las actividades relacionadas con el entretenimiento, donde los alumnos ven películas, escuchan canciones o bailan, son muy apreciadas por los estudiantes. Además de la parte divertida inherente a estas actividades, estas permiten acercar a los estudiantes a algunos contenidos en español con los que están familiarizados de antemano, lo que sin duda hace más sencillo su uso en las clases. Tal es el caso de la historia de una película o la letra de una canción. Así lo relata el participante ID 3, quien describe estas actividades como fuente de alegría y aprendizaje.

> Me gusta ver películas en la clase de español. Me hace feliz […] Me gusta cuando el profesor de español hace versiones de canciones en español y traduce las letras al noruego (ID 3).

La *competición*, aunque en menor grado que las actividades antes mencionadas, es para algunos estudiantes motivo de alegría. Asimismo, *otras actividades* tales como realizar vídeos, conversar espontáneamente con algún compañero o cantar «cumpleaños feliz» a otro miembro de la clase, también fueron mencionadas como fuente de disfrute.

Algunos relatos de los participantes dejan ver la aceptación que tiene entre los estudiantes otro tipo de actividades como, por ejemplo, las que emplean el uso de las nuevas tecnologías. *A priori* la mayoría de los alumnos parece disfrutar de las actividades que involucran herramientas digitales. Es más, cuando los docentes emplean la tecnología en actividades que implican un reto asumible, el desafío llega a través del lenguaje digital y los alumnos pueden superarlo con los conocimientos adquiridos. Ello hace que el proceso de aprendizaje resulte aún más placentero para buena parte de los estudiantes. El participante ID 60 cuenta su experiencia en este sentido.

> Cuando asistía a la secundaria, nuestro maestro nos hacía hojas de Duolingo semanales con ejercicios de vocabulario y gramática. Las hojas semanales se convertirían los viernes en una prueba de vocabulario. Realmente disfruté practicando español de esta manera, porque progresé bastante rápido mientras me divertía. Creo que su forma de enseñar funcionó muy bien porque logró combinar tareas que nos daban una sensación de dominio, además de desafiar nuestros conocimientos (ID 60).

4.2.1.3. Trabajo en grupo en la clase de L2

Hablar o debatir en grupos o parejas, *aprender* y *divertirse juntos* y *colaborar* con los compañeros son los elementos que más valoran los participantes cuando realizan tareas en grupo. Esta forma de trabajo, como antes se mencionó, propicia un ambiente más seguro para el aprendizaje de la L2. Otra de las ventajas de esta manera de trabajar es la colaboración. Los estudiantes que forman parte de un grupo pueden ayudarse mutuamente, además de aunar esfuerzos para lograr un objetivo común. Así lo manifiesta en su relato la informante ID 35.

> Una vez tuvimos una competencia de senderos naturales en la clase de español, en la escuela secundaria. Fue una sensación muy agradable, sentí que dominé muy bien toda la competencia junto con mi equipo. Trabajamos increíblemente bien juntos y ganamos a toda la competencia. Fue una muy buena sensación (ID 35).

4.2.1.4. Destrezas del profesor de L2

Maestros *divertidos* y *amables*, además de la capacidad del profesor para ofrecer una *retroalimentación constructiva*, son las habilidades del profesor, según los relatos, que más aprecian los estudiantes, y las vinculan con eventos placenteros durante las clases. El participante ID 26 recibió el reconocimiento de su profesora por un trabajo bien realizado. Este hecho lo estimuló a continuar aprendiendo.

> Cuando envié un texto en el que había trabajado durante mucho tiempo, recibí comentarios positivos y agradables de la profesora. Me elogiaron y eso me motivó (ID 26).

Los informantes también aprecian sentir que adquieren *contenidos didácticos* durante el proceso de aprendizaje. El informante ID 43 valora de forma muy positiva y disfruta este tipo de experiencia.

> Una vez, antes del día de la asignatura[7], trabajamos en diferentes estaciones (con diferentes contenidos). Esto significó que tuvimos un proceso de preparación variado y útil antes del día de la asignatura. Esto me hizo sentir mejor preparado para el día académico. También me gusta mucho que el profesor hable alto (que haga presentaciones) y que los alumnos podamos escuchar y aprender de ello (ID 43).

4.2.1.5. Lograr un aprendizaje significativo en L2

El *uso práctico de la L2 en las actividades de clase* cobra especial relevancia en contextos de no inmersión. Algunos participantes mencionaron haber medido la utilidad y la significancia de lo aprendido cuando emplearon los conocimientos adquiridos para comunicarse. Este es el caso del informante ID 38, quien recuerda haber disfrutado mucho de una presentación oral, pero también de todo el proceso previo de preparación.

> Cuando estaba en décimo grado, se suponía que teníamos una presentación sobre una película que habíamos visto en clase. Cuando trabajé en la creación de la presentación, aprendí muchas palabras y conceptos nuevos en español, al mismo tiempo que adquirí una mejor comprensión de la gramática. Este proceso me hizo querer trabajar más en español y me dio más confianza porque experimenté una sensación de dominio (ID 38).

En este testimonio también se puede destacar cómo el logro de un aprendizaje significativo trae aparejado un componente motivacional que va indisolublemente ligado a la satisfacción de poder comunicarse. No se debe perder de vista que el *uso práctico de la L2* influye directamente en la motivación de los aprendientes.

---

7. Algunos institutos noruegos una vez a la semana dedican todas las horas lectivas a una sola asignatura. Durante ese día se realizan, entre otras actividades relacionadas con dicha asignatura, diferentes juegos, el visionado de una película o evaluaciones. El participante ID 43 se refiere en su narración a un día dedicado al español.

4.2.1.6. Superar pruebas y exámenes en L2

A pesar de que las evaluaciones pueden ser una fuente de ansiedad, como más adelante veremos, es especialmente interesante observar cómo *superar una evaluación oral o escrita* proporciona a los informantes un gran placer. El participante ID 42 describió cómo un examen resultó una fuente de disfrute al comprobar su *dominio de la L2*.

> Una vez en la escuela secundaria tuve un examen oral y sentí una sensación de dominio porque podía comunicarme en español (ID 42).

4.2.1.7. Hablar en clase de L2 sin temor

Hablar en voz alta en español puede convertirse en un reto difícil para muchos de los alumnos, aspecto que se tratará con mayor profundidad en secciones posteriores. Con el fin de ayudar a superar ese desafío que supone hablar en la clase, es frecuente que los estudiantes utilicen sus anotaciones como apoyo. Sin embargo, el participante ID 56 recuerda el disfrute y los sentimientos de alegría que le generó hablar de forma libre, sin sus notas de clase.

> Cuando iba a la escuela secundaria, tuve una conversación espontánea sin mis apuntes que salió muy bien y luego sentí una gran sensación de dominio y alegría porque pude responder bien todas las preguntas (ID 56).

Es importante destacar que para algunos participantes presentar un tema en español, aunque tengan su material de apoyo y estén bien preparados, continúa siendo un gran reto. Por consiguiente, sienten sosiego si logran desempeñarse de forma satisfactoria. El participante ID 37 lo explica en el siguiente episodio.

> Me sentí aliviado y feliz después de que terminé una presentación y el maestro dijo que salió bien (ID 37).

4.2.2. Principales fuentes de FLE

Los eventos de ansiedad narrados por los participantes se agruparon en los temas y las categorías que se presentan en la tabla 8, organizados también de mayor a menor frecuencia y proporción relativa. En este caso, al igual que en los eventos de disfrute anteriormente descritos, también destaca la categoría FLCA-fuente interna del alumno, a la que se destinaron casi tres cuartas partes de los eventos. Nueva-mente, de forma mayoritaria, los factores que desencadenan la ansiedad tienen su origen en los propios alumnos. Seguidamente se presentan los temas más relevantes que surgieron del análisis de estos episodios de ansiedad.

Tabla 8. Temas principales y categorías sobre episodios de ansiedad

Tema	Categoría	Frecuencia	%
Ansiedad producida por tener que hablar en clase de L2	FLCA – fuente interna del alumno	73	52
Características del profesor de L2 que provocan ansiedad	FLCA – fuente profesor	37	26
Logro no alcanzado en L2	FLCA – fuente interna del alumno	16	11
Ansiedad por no superar pruebas y exámenes en L2	FLCA – fuente interna del alumno	9	6
Presión de los compañeros	FLCA – fuente grupo	6	4

4.2.2.1. Ansiedad producida por tener que hablar en clase de L2

Hablar en la clase de español es una de las situaciones más estresantes a la que, según muchos de los participantes de nuestro estudio, se pueden enfrentar en el aula. Hablar frente a los demás puede ocasionar un estrés casi incontrolable. Muchos de los participantes apuntaron que situaciones como *sentirse obligados a participar en actividades orales, hablar ante la clase sin preparación previa* o *sin material de apoyo* les generaban nerviosismo, temor a fracasar o inseguridad. Por consiguiente, no es de extrañar que una parte de los informantes en lugar de describir un evento puntual que les hubiese generado ansiedad, relataron situaciones recurrentes como las antes mencionadas. En este caso, la más citada fue *sentirse obligados a hablar en clase* (tabla 7). Los comentarios de los participantes ID 14, ID 21, ID 22 e ID 61 ilustran de forma concisa, pero muy clara, lo antes expuesto.

> Me pongo nervioso cada vez que me piden que hable frente a la clase (ID 14).
>
> Cuando tenemos que contestar cosas en voz alta sin querer (ID 21).
>
> Cuando tengo que hablar delante del profesor o de la clase (ID 22).
>
> Cuando tuve que contestar preguntas en español que me hizo el profesor (ID 61).

Del mismo modo, el informante ID 57 mencionó que hablar en la clase de español desencadena un estado de ansiedad que influye de forma negativa, por una parte, en su estado físico y psíquico durante toda la clase y, por la otra, en su desarrollo en la asignatura.

> Generalmente siento mucha ansiedad en clases; hablar español o hablar sobre mis textos me pone nervioso. No me gusta mucho el tema y ahora me estoy quedando atrás, creo que aprender un tercer idioma puede ser difícil y estresante. Cuando me siento ansioso, generalmente me siento nervioso, triste y tenso. A veces me siento mal y quiero vomitar, pero después de clase me siento bien otra vez (ID 57).

En este orden de ideas se puede citar a otros participantes que mencionaron episodios de cómo les afectaba hablar en la clase, concretamente, sin estar preparados, como es el caso del informante ID 39. Este alumno dilucidó en su relato cómo hablar en contra de su voluntad y de forma inesperada provocó que afloraran sentimientos negativos.

> No me gusta que me pregunten en voz alta en clase si no me han permitido prepararme. Eso es porque rápidamente me estreso y me siento incómodo. No es que no pueda responder en español, sino que me obligan a estar en esa situación. Entonces te sientes nervioso, estresado y tal vez un poco asustado. No te asustas porque en realidad dé miedo, sino porque siempre quieres rendir lo mejor que puedas y mostrar tu mejor lado. En un incidente, estaba tan aturdido que no pude responder nada, y luego casi me sentí un poco triste y decepcionado conmigo mismo. El sentimiento se reforzó cuando alguien más respondió lo mismo justo después de que yo pudiera responder. Sabía la respuesta (porque en realidad no era tan difícil), pero te lavan el cerebro por completo cuando no esperas que te pregunten (ID 39).

4.2.2.2. Características del profesor de L2 que provocan ansiedad

En ocasiones los docentes emplean *actividades específicamente desafiantes* que pueden ser un reto insuperable para los alumnos. Son los profesores los que generalmente eligen y tienen la competencia para decidir las actividades acordes al nivel de sus estudiantes. Pero según el comentario del informante ID 38 no siempre ocurre así. En situaciones en las que la tarea excede las capacidades del estudiante y el docente no proporciona recursos suficientes, es probable que emerjan emociones negativas.

> En primero de bachillerato tuvimos una conversación de 15 minutos sin ninguna preparación donde tuvimos que hablar con el profesor de la asignatura sobre un tema

bastante nuevo. Esto me dio mucha inseguridad, lo que me hizo olvidar mucho del español que había aprendido y cometer muchos errores. Esto me hizo sentirme muy inseguro y me hizo dudar más para hablar español frente a los demás (ID 38).

El testimonio del informante ID 12 muestra que la *corrección frente a la clase* es un aspecto especialmente sensible y que asocian los alumnos con emociones negativas.

Fue cuando teníamos que leer un texto que habíamos escrito que estaba muy inseguro. Lo leí y me corrigieron frente a la clase, lo cual fue un poco estresante y humillante al mismo tiempo (ID 12).

Algunos de los informantes sienten que los episodios de ansiedad tienen su origen en los *problemas de comunicación que tienen sus profesores* o, en el peor de los casos, en las carencias pedagógicas de algunos docentes. Este aspecto puede crear un círculo vicioso para algunos estudiantes que ven afectada su motivación para avanzar en el idioma, como es el caso del participante ID 23.

Me incomodó cuando le hice una pregunta en noruego a mi profesora de español, y antes de responderme se echó a reír y luego le dijo a otra mesa lo que le dije mientras se reía de mí. Esto solo me puso más nervioso, y desde entonces no espero con ganas las clases de español (ID 23).

Incidir en las carencias de los alumnos e ignorar sus esfuerzos a menudo es la base de una *retroalimentación poco constructiva* que genera emociones negativas que, a su vez, pueden marcar el día a día de un estudiante, según relata el participante ID 59.

La peor experiencia que he tenido en español fue mi primera presentación en español en la escuela secundaria … Cuando tuve la presentación sentí que dominaba el español, pero fue cuando llegó el resultado de la presentación que tuve esa sensación. Después de esta presentación, recibí comentarios negativos, lo que me hizo sentir que era extremadamente malo en español (ID 59).

Ciertamente, elegir a un alumno al azar para participar en clases es parte de la dinámica de cualquier aula. Pero en la clase de español supone un motivo de estrés para muchos estudiantes, sobre todo porque se les insta a hablar frente a la clase: algo inesperado y que les genera mucha ansiedad. Así lo relata el participante ID 50, a quien afecta esta *imprevisibilidad*.

> Cuando el profesor se acercó y se suponía que iba a tener una conversación espontánea de la nada, me puse increíblemente nervioso y sentí que casi estaba teniendo un ataque de pánico. No podía pensar y me sentía presionado (ID 50).

Es destacable que algunos informantes también asociaron la *corrección frente a la clase* con la *inflexibilidad* de algunos profesores, que es otra de las características de los maestros que esgrimen los encuestados como causa de los episodios de ansiedad.

4.2.2.3. Logro no alcanzado en L2

Con respecto al logro no alcanzado, las fuentes que con mayor frecuencia surgieron en los relatos de los informantes fueron el *mal desempeño en actividades y evaluaciones*, *bajo rendimiento*, *no entender al profesor en la L2* y *dificultades en el aprendizaje* (figura 3). Los relatos transmiten que el logro no alcanzado no siempre se debe a una falta de conocimientos en la L2. En ocasiones, las actividades orales generan una situación de estrés que impide un buen desempeño. La participante ID 35 explica cómo los malos resultados en una presentación, causados por la tensión del momento, han influido de forma negativa en el desarrollo de su competencia oral.

> Una vez tuvimos una presentación oral y yo había practicado muchísimo antes. Sabía todo lo que tenía que decir de memoria y estaba muy orgullosa de mí misma. Obviamente estaba nerviosa, pero pensé que iba a estar bien. Cuando tuve que hacer la presentación oral, olvidé todo lo que iba a decir y me quedé completamente sin palabras. No pude responder ninguna pregunta y cambié varias veces al inglés, lo cual fue increíblemente vergonzoso. Todavía tengo mucho miedo de cualquier cosa oral en relación con el español (ID 35).

4.2.2.4. Ansiedad a no superar pruebas y exámenes en L2

Las evaluaciones, orales y escritas, implican una valoración de los conocimientos adquiridos. Suelen determinar en qué medida se han cumplido las metas trazadas y para ello los alumnos deben demostrar lo aprendido. Es de destacar que la mayoría de los participantes que relataron eventos de ansiedad relacionados con pruebas o exámenes se centraron en las evaluaciones orales. Además, no se refirieron a episodios concretos, sino a un hecho que suele repetirse; así lo ilustran en sus narraciones los informantes ID 8 e ID 63.

> Las evaluaciones orales me estresan bastante y me olvido mucho del español que sé y, por lo tanto, no me desenvuelvo tan bien (ID 8).

> Cuando tengo evaluaciones y hay una conversación oral libre, lo que me pasa es que no soy capaz de entender lo que pregunta el profesor, me pongo muy nervioso y un poco avergonzado porque no soy capaz de responder a la pregunta (ID 63).

4.2.2.5. Presión de los compañeros

Algunos participantes mencionaron sentir *ansiedad ante el buen desempeño de los compañeros*. El informante ID 2 indica como episodio de ansiedad su desempeño comparado con el de los integrantes de su grupo de trabajo.

> El evento que me puso nervioso fue cuando teníamos que hablar oralmente en grupos y obtener una nota, yo estaba allí con otros dos. Uno de ellos podía hablar muy bien y el otro podía hablar moderadamente; olvidé algunas de las palabras y estaba estresado porque no podía expresarme (ID 2).

4.3. Percepción de los participantes sobre el papel de los profesores en los episodios de disfrute y de ansiedad

Este epígrafe está dedicado a analizar la percepción de los estudiantes sobre la influencia de sus profesores en los episodios de disfrute y ansiedad asociados al aprendizaje de español. Los hallazgos que a continuación se presentan tienen elementos en común con algunos eventos de FLE y FLCA antes presentados, aspecto que se observa en la repetición de ciertos códigos en el análisis de las respuestas de los participantes. Sin embargo, se debe aclarar que en este caso los testimonios dan pistas de cómo las percepciones sobre los maestros afectan a las actitudes y a la motivación, en general, de los participantes de nuestro estudio. Igualmente, algunos de estos resultados apuntan hacia la dinámica cambiante de las emociones. En otras palabras, los participantes percibieron el cambio de emociones en un mismo docente o cómo ellos mismos en algunos casos podían influir en las emociones de sus profesores. Pero antes de ahondar en estos aspectos, expondremos los resultados generales de las percepciones de los participantes sobre la influencia de sus profesores que se pueden observar en la tabla 9. Como se puede apreciar, las opiniones se repartieron de forma bastante equitativa, ya que no hay mucha diferencia entre el porcentaje de los participantes que percibieron que los profesores influyeron en los episodios de disfrute, los que afirmaron que intervinieron en los de ansiedad o los que mencionaron que los docentes contribuyeron tanto en unos como en otros eventos. Asimismo, la décima parte de los informantes respondió que los maestros no influyeron en ninguno de los episodios y un alumno no expresó su opinión sobre el papel de sus maestros.

Tabla 9. Percepción de los participantes sobre la influencia de sus profesores en los episodios de disfrute y ansiedad

Influencia del profesor	Frecuencia	%
Solo en FLE	24	36
Solo en FLCA	18	28
Tanto en FLE como en FLCA	17	25
Ni en FLE ni en FLCA	7	9
No sabe	1	1

Para el análisis de los datos examinados en el presente apartado, se siguió un proceso de codificación semejante al empleado con los eventos de disfrute y ansiedad. En este caso, los principales temas que emergieron del análisis de la percepción de los participantes fueron las *destrezas de los profesores* y *características del profesor que provocan ansiedad*. Como era de esperar, los participantes relacionaron las habilidades con los efectos beneficiosos y positivos, mientras que las características de los docentes que provocan ansiedad las vincularon con reacciones negativas. Sin embargo, se apreciaron algunos matices en ciertas respuestas donde los participantes explican que el profesor tiene una buena intención, a pesar de que les provoca ansiedad con una determinada decisión o comportamiento.

4.3.1. Percepción de los estudiantes sobre la influencia de sus profesores en los episodios de FLE

Un total de 41 participantes[8] percibieron que sus profesores habían influido en los eventos de disfrute. Los participantes apuntaron una serie de destrezas del docente que se presentan de mayor a menor frecuencia en la tabla 10. En primer lugar, los testimonios de los participantes describen que los profesores que les ofrecen apoyo, aliento y los motivan inciden directamente en los eventos de disfrute que experimentan. Resulta relevante que los alumnos mencionaron con más

---

8. Resultado de la sumatoria de los estudiantes que reportaron que los profesores influyen solo en FLE y los que mencionaron que influyen tanto en FLE como en FLCA.

frecuencia estas destrezas de los docentes que otras habilidades de tipo académico como, por ejemplo, *una retroalimentación constructiva* o el *fomento de aprendizaje significativo*. Las respuestas revelan la importancia que para los participantes ha tenido la ayuda recibida, sobre todo, en los momentos de mayor dificultad del proceso de aprendizaje. Así lo expusieron los informantes ID 56, ID 40 e ID 38.

Era muy cercano a mi maestra en la escuela secundaria, así que sentí que me apoyaba, incluso cuando las cosas iban mal (ID 56).

Mis maestros han sido positivos y me han apoyado a lo largo del camino (ID 40).

Los maestros me influyeron positivamente en estas situaciones, ya que me alentaron y motivaron a intentarlo, incluso cuando pensé que era aterrador o difícil (ID 38).

Tabla 10. Percepción de los participantes sobre la influencia de sus profesores en los episodios de FLE

Destrezas del profesor	Frecuencia
Alentador	7
Apoyo del profesor	6
Motivador	6
Entorno seguro	4
Amabilidad	4
Buen humor del profesor	3
Retroalimentación constructiva	2
Fomenta el aprendizaje significativo	2
Buen ambiente en el aula	2
Entusiasmo del profesor	2
Divertido	2

Sobre la base de algunas consideraciones expuestas en el epígrafe anterior, se puede afirmar que para muchos de nuestros participantes hablar en clase de español generó emociones negativas. Sin embargo, el ID 43, sin obviar que es una situación que puede provocar estrés y ansiedad, percibe la necesidad de esta práctica y menciona cómo un entorno seguro, positivo y agradable ayuda a una comunicación más abierta y disminuye el miedo a hablar.

A algunos profesores les gusta que sus alumnos hablen mucho, y aprendemos mucho de eso. Entiendo que tenemos que hablar español en las clases de español, y personalmente me gustan los profesores que aseguran un buen ambiente en el aula. Hace que hablar en voz alta sea menos aterrador. Los profesores también ayudan a contagiar alegría y ganas de aprender (ID 43).

El participante ID 59, a su vez, menciona que cuando cambió de actitud con respecto a la asignatura y mostró su interés, percibió un cambio de talante en su profesora. Sintió que a partir de entonces recibió orientación útil para desarrollar su competencia en español.

Diría que mi maestra de secundaria no me ayudó mucho con mi experiencia negativa, pero cuando mostré que quería mejorar, comenzó a explicarme cómo podía hacerlo. Por ejemplo, sugirió el uso de Quizlet en los que podía trabajar y dijo que debería pasar más tiempo en Duolingo (ID 59).

4.3.2. Percepción de los estudiantes sobre la influencia de sus profesores en los episodios de FLCA

Las características de los docentes que provocan ansiedad en los 35 participantes[9] que así lo manifestaron quedan reflejadas en la tabla 11. Estas se presentan también de mayor a menor, en orden de frecuencia. La *inflexibilidad del profesor*, los *problemas de comunicación en la clase que afectan el proceso de enseñanza-aprendizaje* y el uso de *actividades específicamente desafiantes* son las características del profesor que (desde la perspectiva de los participantes) generan más emociones negativas. Según la percepción de los participantes, los profesores inflexibles pueden tener altas expectativas de los resultados de sus alumnos. Pero algunos participantes no tenían claro si las altas expectativas son un aspecto positivo o negativo, como es el caso del participante ID 63.

Mi maestra me pone un poco nervioso porque parece esperar más de lo que puedo hacer, lo que puede ser bueno. Pero parece decepcionarse cuando no hacemos lo que espera, lo que a su vez me pone más nervioso, así que todo es más negativo tras mi presentación (ID 63).

---

9. Resultado de la sumatoria de los participantes que reportaron que los profesores influyen solo en FLCA y los que mencionaron que influyen tanto en FLE como en FLCA.

De la misma forma que el buen ambiente favorece la comunicación, como antes hemos apuntado, lo contrario, un mal ambiente, afecta el entorno de la clase y puede ser una fuente de ansiedad.

Tabla 11. Percepción de participantes sobre la influencia de sus profesores en los episodios de FLCA

Características del profesor que provocan ansiedad	Frecuencia
Inflexibilidad del profesor	10
Problemas de comunicación que afectan enseñanza-aprendizaje	8
Actividades específicas desafiantes	6
Retroalimentación poco constructiva	3
Ambiente tenso en el aula	1
Corrección frente a la clase	1
Mal humor del profesor	1

4.3.3. Percepción de los estudiantes sobre la influencia de sus profesores en los episodios tanto de FLE como de FLCA

Según se ha mencionado, 17 de los participantes percibieron la influencia de sus profesores en ambos tipos de eventos, pero solo 13 expusieron que un mismo docente había intervenido tanto en los episodios de disfrute como en los de ansiedad. En estos eventos, también las destrezas del profesor más frecuentemente mencionadas eran la *amabilidad* y el *buen humor*. Una vez más se puede comprobar que nuestros participantes aprecian las habilidades sociales de sus profesores, al margen de las académicas. Por otra parte, las características de los docentes que provocan ansiedad y que más se repiten son, como en el epígrafe anterior, la *inflexibilidad del profesor* y *los problemas de comunicación en la clase que afectan el proceso de enseñanza-aprendizaje*.

Cuando un mismo profesor influye en episodios tanto de FLE como de FLCA, se hace más evidente la intervención de los maestros en la dinámica de las emociones en el aula. Los testimonios de los participantes ID 26 e ID 28 aducen relatos que así lo demuestran.

Preguntar a la clase qué está mal me da vergüenza y es responsabilidad del maestro hacer que nos sintamos seguros. Está mal enojarse o molestarse si alguien ha entendido mal una tarea, entonces ciertamente no logras que la gente hable. Lo que también es importante es que el profesor haga evaluaciones en relación con el nivel en el que se encuentra la clase y no evalúe contenidos antes de que estemos preparados para ello. Si la clase necesita un repaso de los conceptos básicos, no mejoraremos saltando a un nivel demasiado alto. Por otro lado, creo que es muy agradable cuando el profesor de español llega a la clase de buen humor y tiene planeadas tareas orales divertidas que se pueden hacer en grupos (ID 26).

La profesora de español contribuye a que nos riamos en cada clase, pero también contribuyó a un episodio un poco menos agradable (ID 28).

El participante ID 12 resume cómo un cambio de humor puede influir de forma negativa o positiva en las emociones de los estudiantes.

Ambas cosas fueron influenciadas por un maestro. Era la maestra quien creaba el buen o el mal humor, con la forma en que nos explicaba o nos hablaba. (ID 12)

A modo de conclusión, el diagrama de Sankey[10] recogido en la figura 4 representa gráficamente la relación y la densidad de la influencia de los profesores a través de sus destrezas o características que provocan ansiedad en los episodios de FLE, de FLCA o ambos a la vez. Los hallazgos obtenidos ayudan a describir el patrón de comportamiento de la ansiedad y el disfrute entre los estudiantes de español como lengua extranjera que formaron parte de la muestra examinada. Pero también dan cuenta de las dinámicas que se establecen en torno a estas emociones en el aula y que involucran de alguna manera a todos y cada uno de los miembros de la comunidad que conforma la clase.

---

10. Los diagramas de Sankey muestran los flujos y sus cantidades en proporción entre sí. El ancho de las flechas o líneas se utiliza para mostrar sus magnitudes, por lo tanto, cuanto mayor sea la flecha, mayor será la cantidad de flujo.

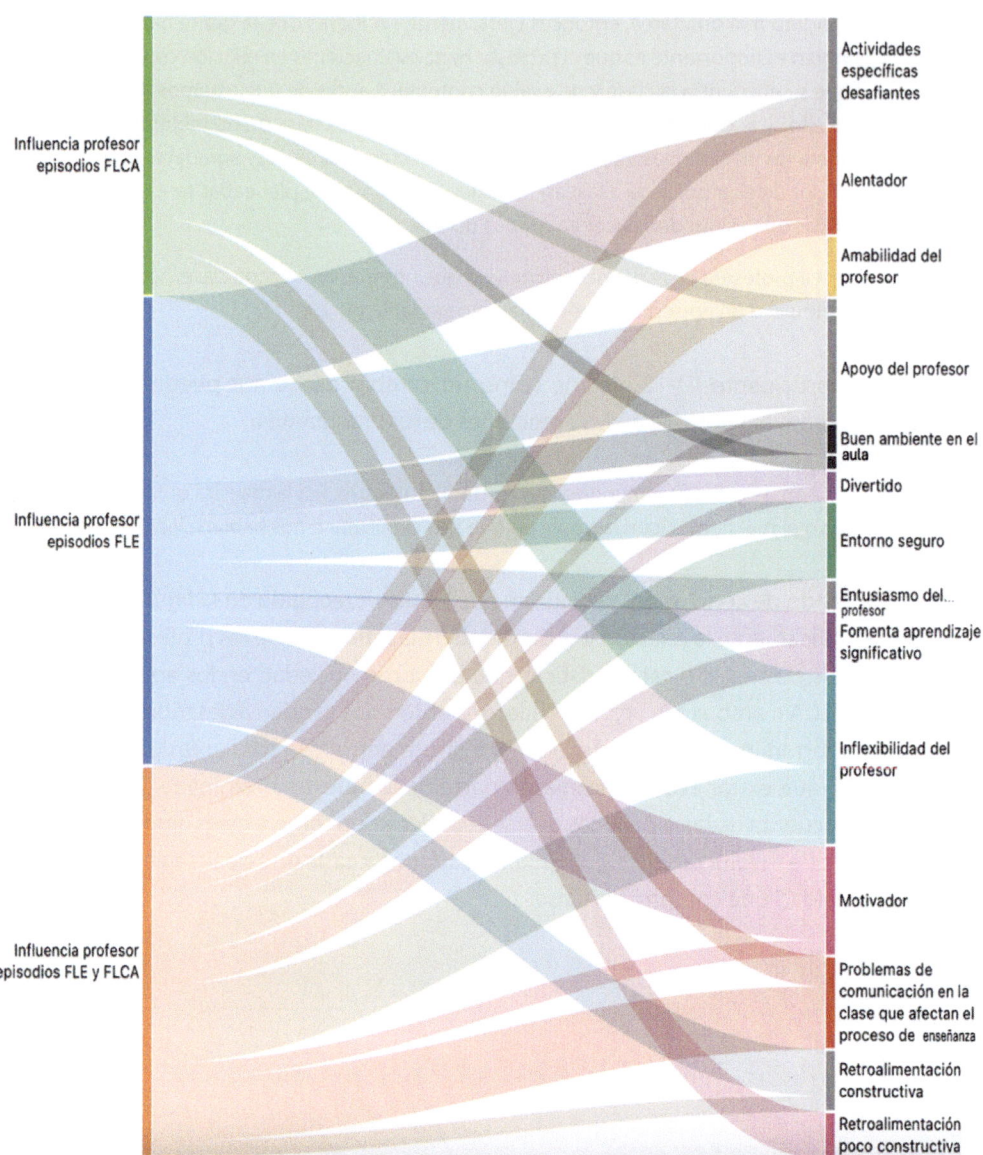

Figura 4. Relación y densidad de la influencia de los profesores a través de sus destrezas o características que provocan ansiedad en los episodios de FLE, FLCA o ambos a la vez

Capítulo 5

Discusión

El presente estudio ha tenido como principales objetivos investigar las experiencias de disfrute y de ansiedad en el proceso de aprendizaje de español como lengua extranjera de un grupo de alumnos noruegos de bachillerato, así como examinar la percepción de estos estudiantes sobre la manera en que sus profesores influyen en dichas emociones. Con este fin, se plantearon cuatro preguntas de investigación que serán respondidas en el presente apartado, a través de la discusión de los resultados expuestos en el capítulo anterior y el cotejo de estos con los resultados obtenidos en investigaciones afines.

Con respecto a la primera pregunta de investigación, en la que nos planteábamos si los alumnos noruegos de español como lengua extranjera que participaron en este estudio experimentaban más disfrute o ansiedad, el análisis no mostró diferencias estadísticamente significativas entre los niveles de estas dos emociones. Además, la puntuación media de FLE fue ligeramente inferior a la de FLCA, lo cual no coincide con los resultados de investigaciones afines, que obtuvieron valores de disfrute mayores a los de ansiedad (Dewaele y Li 2021; Dewaele y MacIntyre 2014; Jiang y Dewaele 2019). No obstante, es reseñable que las medias de FLE y FLCA halladas en el presente trabajo fueron en ciertos casos ligeramente mayores y, en otros, algo menores que las medias de ambas emociones de algunas de las investigaciones mencionadas.

Estas discrepancias se pueden deber a múltiples factores. Para empezar, se debe tener en cuenta que los participantes de la presente investigación, tras cinco años aprendiendo español como lengua extranjera, se encontraban en el último curso donde recibían la asignatura. Esto implica que obtendrían una nota final que formaría parte, junto con las calificaciones de otras materias, de su promedio académico. A mejores notas, tendrían más opciones para elegir la carrera universitaria deseada. A esto hay que sumar que algunos de estos alumnos podrían ser seleccionados, tras un sorteo, para realizar los exámenes nacionales que se han convocado cada año desde 2004, excepto durante los cursos 2019-2020, 2020-2021 y 2021-2022 a causa de la pandemia de COVID-19. El resultado de dicho examen también formaría parte del expediente académico. En consecuencia, la posibilidad de tener una evaluación adicional añade más presión a esta etapa estudiantil. No se puede olvidar la prueba de que la ansiedad ante los exámenes puede provocar un bajo rendimiento. Esta se relaciona inversamente con la autoestima de los estudiantes y directamente con sus miedos a la evaluación negativa, la actitud defensiva y otras formas de ansiedad (Hembree 1988). Sobre la base de las consideraciones anteriores, se puede decir que las diferencias entre nuestros resultados e investigaciones afines podrían ser consecuencia del contexto educativo noruego, del nivel de competencia de español de los participantes y del entorno institucional.

A la pregunta de si existe una relación estadísticamente significativa entre disfrute y ansiedad en la muestra estudiada, los resultados indicaron una correlación negativa y estadísticamente significativa de magnitud moderada entre ambas variables. Este hallazgo nuevamente confirma el argumento presentado por Dewaele y MacIntyre (2014) según el cual disfrute y ansiedad no parecen representar extremos opuestos en un solo continuo de emociones en la clase. Ello sugiere que la falta de disfrute no implica automáticamente un alto nivel de ansiedad y que la ausencia de ansiedad no sugiere la presencia de disfrute. En los estudios afines revisados se pueden constatar resultados consistentes con nuestro hallazgo (Alenezi 2020; Dewaele 2019a; Dewaele y Dewaele 2017; Dewaele, Franco Magdalena y Saito 2019; Dewaele y MacIntyre 2014; Jiang y Dewaele 2019; Li 2020).

Es pertinente señalar también otro elemento de la relación entre disfrute y ansiedad: la posible temporalidad. Conforme a la naturaleza adaptativa de las emociones, no se puede afirmar que la relación entre el disfrute y la ansiedad sea permanente, aunque algunos estudios revisados (Dewaele y MacIntyre 2016, 2019) muestran que un alumno puede experimentar disfrute y ansiedad a la vez, al menos durante un tiempo. Por ejemplo, una persona que disfruta de una clase de idioma o de una conversación con un hablante nativo puede experimentar cierta ansiedad ocasionalmente. Sin embargo, un alumno apático es muy probable que no disfrute, ni sienta ansiedad durante una clase. Asimismo, es posible que disfrute y ansiedad cooperen algunas veces (Dewaele y MacIntyre 2014). Tomando en cuenta los datos cualitativos recogidos en la presente investigación, se puede decir que nuestros hallazgos sugieren que a veces hay una cooperación entre disfrute y ansiedad. De la misma forma, estos resultados reflejan la observación de MacIntyre y Gregersen (2012) de que el estrés bien empleado puede abrir la puerta a una emoción positiva. Las personas disfrutan dominando un desafío y superando un obstáculo. Aunque la ansiedad sea una emoción negativa, Dewaele y MacIntyre (2019) afirman que la ansiedad no es intrínsecamente mala, siempre y cuando el entorno siga siendo positivo. Para algunos participantes de este estudio, la experiencia de ansiedad frente a la clase puede ser emocionante, pero también transitoria, y el alivio de haber pasado por esa vivencia aumenta su confianza a largo plazo.

Por lo tanto, la relación entre disfrute y ansiedad podría ser analizada desde la cooperación o tomando una perspectiva positiva de la ansiedad, capaz de generar avances en los alumnos y, por consiguiente, favorecer el proceso de aprendizaje.

Merece también atención señalar que los análisis estadísticos realizados no mostraron que el género tuviera un efecto notable en los niveles de FLE, pero sí lo tuvo en los niveles de FLCA. Estos hallazgos coinciden con los resultados de investigaciones anteriores (Dewaele y MacIntyre 2019), donde las mujeres reportaron también niveles más altos de ansiedad. Coincidimos con el planteamiento de Dewaele y MacIntyre (2019), quienes afirman que las diferencias que no son significativas son difíciles de explicar y requieren análisis más profundos. De igual forma, en nuestra opinión, se precisa de más investigación con respecto a la influencia del género en la ansiedad.

Otro de los resultados que se pueden destacar es el hecho de que una mayor competencia autopercibida en la L2 influyó de forma positiva en las emociones estudiadas, aumentando los niveles de disfrute y disminuyendo los niveles de ansiedad. Una mayor percepción de las habilidades y las destrezas potencia la confianza, que se convierte en un predictor del disfrute. Investigaciones afines (Botes, Dewaele y Greiff 2020b; Dewaele y MacIntyre 2014) también llegaron a conclusiones similares en cuanto al efecto del dominio autopercibido en FLE y FLCA.

Por último, y antes de pasar al análisis de las fuentes de FLE y FLCA, es oportuno indicar un hallazgo relacionado con un contexto diferente al del resto de los resultados: las clases en línea. Los análisis estadísticos demostraron que aumentar el tiempo de participación en las clases en línea podría afectar a los niveles de disfrute y ansiedad de los participantes cuando vuelven a las clases en el aula. El estudio de las emociones en el contexto de las clases en línea ha sido un tema analizado por algunos investigadores (Dewaele, Albakistani y Ahmed 2022), quienes midieron los niveles de disfrute y ansiedad en ambos contextos. Sus resultados mostraron mayores niveles de estas emociones en las clases en el aula que en las clases en línea. Sin embargo, hasta donde sabemos, no hay estudios que hayan analizado la influencia de la duración de las clases en línea en el estado emocional de los estudiantes al retomar las clases presenciales. Es evidente que la enseñanza en línea precisa de más investigación que ayude a comprender su relación con el estado emocional, pero lo que sí está claro es que la influencia de este contexto en las emociones perdura y ejerce un impacto en las clases presenciales.

En relación con las fuentes de disfrute y ansiedad que se identificaron en los relatos de los participantes, los datos obtenidos revelaron que cerca del 50 % de los episodios de disfrute y alrededor del 70 % de los de ansiedad fueron causados por factores internos del alumno. Estos hallazgos son parcialmente consistentes con los resultados de investigaciones afines (Dewaele y MacIntyre 2014, 2019; Dewaele *et al.* 2018; Jiang y Dewaele 2019). En estos estudios la ansiedad se vinculó con mayor fuerza con variables internas relacionadas con el estudiante, al igual que en nuestro estudio, mientras que el disfrute se asoció, sobre todo, a variables vinculadas a los docentes. Este resultado, a pesar de ser parcialmente diferente a los de las investigaciones afines revisadas, contribuye al entendimiento del fenómeno estudiado en nuestro contexto.

El tema más recurrente como origen de disfrute en los relatos de los participantes del presente estudio fue *el logro alcanzado*. Nuestros participantes mencionaron que disfrutan cuando consiguen las metas académicas que se han propuesto. Este resultado está en consonancia con los obtenidos por Dewaele y MacIntyre (2014), quienes describieron que con frecuencia los episodios de disfrute de sus participantes eran el resultado de un periodo arduo de trabajo para cumplir un objetivo. Asimismo, Dewaele y Alfawzán (2018) describieron que para sus informantes la realización exitosa de una presentación podría aumentar el nivel de disfrute de un alumno. En igual sentido, pero incluyendo también la relación entre ansiedad y logro, Li, Dewaele y Jiang (2020) encontraron un vínculo directo entre ambas emociones y el logro: cuanto mayor era el logro, más bajos eran los niveles de ansiedad y más altos los de disfrute.

Se puede apuntar que el logro no siempre es exclusivamente individual, según los relatos de nuestros participantes. En ocasiones, este se relaciona con el papel del alumno (por ejemplo, en un trabajo en grupo), aunque el énfasis en nuestro estudio, al igual que en el de Dewaele y MacIntyre (2016), está en el éxito personal y el orgullo individual. En este sentido, también se ha de mencionar la presencia de otras emociones (Ross y Rivers 2018). Sentir alegría y/o sentirse orgulloso de superar los propios límites son emociones y estados positivos que los participantes asocian al *logro alcanzado*. Resultados similares fueron reportados por algunos de los estudios empíricos incluidos en el capítulo 2 (Dewaele y MacIntyre 2014; Jiang y Dewaele 2019).

Se debe agregar que muchos participantes en la narración de sus episodios de disfrute asociaron el *logro alcanzado* al *dominio de la L2*. Este resultado coincide con los hallazgos de Dewaele y Alfawzán (2018) y Alenezi (2020), quienes apuntaron el vínculo entre las emociones en el aula y el *dominio de la L2*. Ahora bien, tomando en cuenta nuevamente que nuestros informantes se encontraban en un contexto orientado a los exámenes y debido a la importancia que le confieren al *dominio de la L2*, estos resultados podrían sugerir que ellos disfrutan aprendiendo español, sobre todo, en función de una necesidad: dominar el idioma para alcanzar el éxito en sus estudios; en otras palabras, una motivación instrumental. A este respecto, Alenezi (2020) compartió reflexiones similares sobre los participantes saudíes de su muestra. Nuestros hallazgos podrían contribuir al entendimiento de las emociones, especialmente del disfrute, en la clase de L2 en el contexto noruego.

El segundo tema que más propició momentos agradables entre los participantes de nuestro estudio fue el *tipo y contenido de las actividades de clases*. Algunas investigaciones previas también arribaron a resultados similares. Dewaele y MacIntyre (2014) encontraron pruebas concluyentes de que las actividades que propiciaban la elección de un tema de discusión o debate relevante para las preocupaciones e intereses de los alumnos generaban momentos de disfrute. En la misma línea, Pavelescu y Petric (2018) apuntaron que se debe crear un ambiente emocional amigable en el aula que sea lo suficientemente desafiante y donde los temas de conversación coincidan con los intereses de los alumnos.

Otro tipo de actividades mencionadas en los testimonios de los estudiantes noruegos de español de nuestra investigación fueron las *relacionadas con el entretenimiento*, por ejemplo, aquellas basadas en series, películas o canciones. Sus relatos ilustran cómo estas actividades pueden convertirse en un recurso didáctico muy útil en las aulas. En opinión de nuestros participantes, este tipo de actividades, además de ser una forma divertida de aprendizaje, les ayuda a adquirir palabras nuevas en su contexto. Esta peculiaridad puede ser especialmente útil en entornos de no inmersión.

Los *juegos divertidos y motivadores* también ocuparon un lugar importante entre las actividades favoritas de los encuestados. En relación con los estudios empíricos revisados, el juego destaca como una fuente de disfrute entre los aprendientes de L2 (Dewaele y MacIntyre 2014; Jiang y Dewaele 2019). Este resultado tiene especial relevancia, ya que se puede situar en el marco de las ideas de Fredrickson (2001, 2013), quien sugirió que experimentar el disfrute y el juego en el idioma extranjero podría ser una experiencia especialmente facilitadora para los estudiantes. La investigadora argumenta que el juego está vinculado al fomento de los lazos sociales y el desarrollo del cerebro. Además, las habilidades y los vínculos que construye el juego permanecen después de que el sentimiento de alegría haya desaparecido. Por las consideraciones anteriores, resulta evidente la implicación que pueden tener los resultados expuestos para los docentes. Sin embargo, compartimos la visión de Dewaele y MacIntyre (2014), quienes advirtieron que las actividades mencionadas por los participantes (en nuestro caso juegos, actividades de entretenimiento, entre otras) están ubicadas dentro de un contexto único, donde cada alumno disfrutó de estas tal como acontecieron en ese entorno. El ambiente puede influir y determinar las percepciones, las emociones y cómo se percibe la realidad. Por lo tanto, no podemos generalizar nuestros resultados y hacerlos extensivos a la enseñanza del aprendizaje de lenguas en otros contextos.

Las *destrezas del profesor de L2* no fueron consideradas la principal fuente de disfrute como en investigaciones afines consultadas (Dewaele y Dewaele 2020; Dewaele, Franco Magdalena y Saito 2019; Dewaele *et al.* 2018). Sin embargo, algunos participantes las relacionaron con los eventos de disfrute. En concreto, describieron en sus relatos que las habilidades que más apreciaban en sus docentes eran que fueran *divertidos* y que brindaran una *retroalimentación constructiva*. En la misma línea, Dewaele y MacIntyre (2014, 2016) informaron como fuentes de disfrute episodios divertidos provocados por los docentes para lograr un buen ambiente, así como elogios dados a los alumnos por su buen desempeño. Los testimonios de los participantes de nuestra investigación revelaron que el reconocimiento es una parte significativa de la *retroalimentación constructiva*.

Para algunos alumnos noruegos, poder *lograr un aprendizaje significativo* y comprobarlo mediante *el uso práctico de la L2* se convirtió en el centro de sus episodios de disfrute. Además, dichos estudiantes vincularon este proceso directamente con la motivación. De hecho, el aprendizaje adquiere otra dimensión cuando se encauza a través de la emoción. Nuestros resultados corroboran la reflexión de MacIntyre y Gregersen (2012), quienes plantearon que las personas suelen pensar en lo bueno, que sería aprender un nuevo idioma; sin embargo, no sienten la necesidad de hacerlo. Pero cuando los alumnos se entusiasman, se interesan o sienten pasión por el aprendizaje, el poder de expansión positiva de la emoción pasa a un primer plano.

Superar pruebas y exámenes en L2 es un tema que *a priori* puede provocar ansiedad en los alumnos (Jiang y Dewaele 2019). Sin embargo, cuando el reto que implica una evaluación es superado, el desafío se puede convertir en fuente de placer, según han ilustrado con sus relatos nuestros participantes y se ha descrito en el capítulo anterior. Es evidente que obtener buenos resultados en una evaluación es un logro, que posiblemente cobra más relevancia en contextos como el de nuestra muestra, marcado por la necesidad de obtener buenas calificaciones. Con respecto a ello, Li, Dewaele y Jiang (2020) combinaron hallazgos cualitativos y cuantitativos y encontraron un vínculo directo entre disfrute, ansiedad y logro: cuanto mayor era el logro, más bajos eran los niveles de ansiedad y más altos los de disfrute. El logro no ha sido una variable medida en nuestra investigación; pero, considerando los eventos narrados, que integran logro, disfrute y ansiedad, se podría concluir que nuestros hallazgos dan cuenta, una vez más, del carácter dinámico y cambiante de las emociones.

Hablar o debatir en grupos o parejas también fue mencionado como una fuente de disfrute por los participantes. Este resultado coincide con los hallazgos cualitativos de Jiang y Dewaele (2019), que revelan cómo la interacción entre pares ayudó en el proceso de aprendizaje de L2 de algunos participantes. Asimismo, Dewaele y MacIntyre (2014) apuntaron que los grupos más pequeños propician lazos sociales más estrechos, un ambiente que favorece el uso con mayor frecuencia de la L2. Estos resultados concuerdan con los datos recogidos en nuestro estudio que mostraron, además, que el trabajo en grupo puede propiciar un ambiente menos intimidante para el aprendizaje de una lengua extranjera.

En cuanto a las principales fuentes de ansiedad identificadas, la *ansiedad producida por tener que hablar en clase de L2* es la más frecuente. Casi las tres cuartas partes de los eventos de ansiedad descritos por los estudiantes noruegos de nuestra investigación incluyen este tema. Estos hallazgos corroboran los resultados de investigaciones afines que indican que la ansiedad tiene mayormente su origen en variables relacionadas con el alumno (Dewaele y Dewaele 2017; Dewaele, Franco Magdalena y Saito 2019; Dewaele y MacIntyre 2014; Jiang y Dewaele 2019). También coinciden con los hallazgos de Dewaele y Alfawzán (2018), cuyos participantes presentaron altos niveles de ansiedad al hablar en público. Sin embargo, otras investigaciones afines, como la de Dewaele *et al.* (2018), arrojaron resultados que contrastan con los hasta ahora expuestos, ya que la cantidad de tiempo que los estudiantes dedicaron a hablar la L2 se relacionó positivamente con el disfrute. La discrepancia de los resultados, entre otros factores, se podría deber a la diferencia de nivel en la L2 de los participantes de ambas muestras. Los participantes en Dewaele *et al.* (2018) eran muy buenos estudiantes provenientes de prestigiosas escuelas. Por consiguiente, era más probable que disfrutaran el desafío de tener que hablar en clase la L2. La mayoría de estos alumnos señaló, además, haber alcanzado un nivel medio, medio-alto o avanzado en la lengua extranjera. Como ya se ha mencionado, la presente investigación también muestra pruebas de cómo a mayor nivel de competencia autopercibida, mayor disfrute. En consecuencia, se puede inferir que el nivel de los estudiantes influye en la aparición de emociones, tanto negativas como positivas.

Muchos de los estudiantes que participaron en el presente estudio empírico también mencionaron como causa de los eventos de ansiedad las *características del profesor de L2 que provocan ansiedad*. El empleo por parte de los docentes de *actividades específicas desafiantes* fue una de las más nombradas en este caso. Nuestros hallazgos concuerdan con las evidencias aportadas por Jiang y Dewaele (2019). Los participantes de dicha investigación expusieron que las *actividades específicas desafiantes* fue lo que más ansiedad les provocó. Los hallazgos encontrados ponen de relieve la importancia de adecuar los contenidos al nivel de los estudiantes.

La *inflexibilidad* de los profesores de L2 fue otra de las características de los docentes que nuestros participantes más asociaron a las emociones negativas, un resultado esperado, pero no por ello menos importante. Al igual que en nuestro estudio, Dewaele, Franco Magdalena y Saito (2019) afirmaron que los maestros no fueron la principal fuente de ansiedad mencionada. Pero, al mismo tiempo, los análisis realizados por estos investigadores mostraron que los participantes experimentaron más ansiedad con profesores más jóvenes y aquellos que eran muy estrictos.

Los profesores con *problemas de comunicación que afectan a la enseñanza-aprendizaje* fue otro de los puntos álgidos en los relatos de ansiedad. Todo apunta a que las carencias pedagógicas de algunos docentes crean situaciones que generan estrés en las aulas de L2, según los participantes. En este mismo orden, Dewaele y Alfawzán (2018) apuntaron que menospreciar a los alumnos e ignorar sus esfuerzos fue una fuente de ansiedad para varios de sus participantes. Evidentemente, son los profesores los encargados de velar por el respeto y el buen ambiente en el aula. En este trabajo empírico compartimos la visión de MacIntyre y Gregersen (2012) sobre la función que deben desempeñar los docentes en este sentido. Los investigadores afirman que los maestros ejercen un papel esencial en la formación de equipos y en la construcción social de emociones grupales positivas. Los docentes pueden crear un ambiente que favorezca el aprendizaje, usando un lenguaje abiertamente de apoyo, aliento y aprecio y evitando la negatividad, la desaprobación, el sarcasmo y el cinismo. Tener una atmósfera emocional positiva en un salón de clases de enseñanza de una lengua extranjera es imprescindible. También coincidimos con Arnold (2011), quien apuntó que la imagen que tienen los alumnos de sí mismos es más vulnerable cuando no se domina el vehículo de expresión, como en el caso del aprendizaje de una lengua extranjera. Por esta razón, entre otras, los profesores deben tener muy en cuenta la parte emocional de este proceso. La investigadora también advierte que, si los maestros no toman en cuenta el lado afectivo del aprendizaje de idiomas, los alumnos pueden desarrollar una baja autoestima que interfiera en el aspecto cognitivo del proceso de aprendizaje. Tanto el afecto como la cognición forman parte del desarrollo integral de los aprendientes de un idioma. No obstante, debemos analizar con cierta mesura algunos de los episodios a los que se hace referencia a *problemas de comunicación que afectan la enseñanza-aprendizaje*. Dewaele y MacIntyre (2014) advirtieron que las burlas del docente pueden ser fácilmente malinterpretadas con solo variaciones sutiles en la situación del aula. Por tanto, el mismo episodio podría generar disfrute o ansiedad dependiendo de la interpretación del alumno.

La tercera y última de las características del profesor que puede desencadenar eventos de ansiedad es la *corrección frente a la clase*. Nuestros participantes identificaron la rectificación de errores ante la clase con una situación de ridículo. Ciertamente, la corrección de errores encabeza una lista confeccionada por Dewaele y MacIntyre (2014) de elementos que generan ansiedad y que también incluye, entre otros elementos, rasgos de personalidad del alumno. La ciencia ha documentado de que el proceso de aprendizaje de una lengua es proclive a generar ansiedad, en gran medida debido a que la corrección de errores es una parte inevitable del aprendizaje. Estamos de acuerdo con Gregersen (2003), quien apuntó que los maestros deben tomar conciencia de su papel en la reducción de la tensión en el aula y en la creación de una atmósfera colaborativa que ayude a disminuir el miedo de los estudiantes de L2 a cometer errores. De la misma forma coincidimos con Xie y Jiang (2007), quienes propusieron que para mejorar la enseñanza se debe explorar el proceso psicológico de los alumnos en el aprendizaje de idiomas, de modo que los docentes puedan mejorar la comprensión de los errores de sus alumnos. Al mismo tiempo, se deben tener en cuenta los objetivos de la enseñanza, la competencia comunicativa de los estudiantes, sus factores afectivos y la eficacia de la corrección de errores.

El *logro no alcanzado en L2* es también una fuente de ansiedad en los eventos de ansiedad, según relatan nuestros participantes. En los episodios que narran, esta meta no conseguida se materializa a través de un *mal desempeño en actividades y evaluaciones, no entender al profesor en la L2* y un *bajo rendimiento*. Botes, Dewaele y Greiff (2020a), en un metaanálisis de 67 estudios que analizaron ansiedad, encontraron una correlación negativa moderada entre ansiedad y leer, escribir, escuchar y hablar en la lengua meta. Estos resultados demuestran que los estudiantes con niveles más altos de ansiedad están en desventaja, ya que es más probable que tengan puntajes de rendimiento inferiores a los de sus compañeros con niveles de ansiedad más bajos. La investigación apuntó que esto puede tener un efecto perjudicial en el éxito de un estudiante en un entorno de prueba de alto riesgo, donde la admisión en escuelas o programas dependa de las calificaciones o los resultados de los exámenes en L2, como es el caso de los estudiantes de nuestra muestra.

El *buen desempeño de algunos compañeros de clase* es un motivo de estrés para otros que manifiestan no sentirse a la altura de las competencias que han alcanzado otros estudiantes en el aula. Este resultado también corrobora las conclusiones a las que llegaron investigaciones consultadas, como la de Jiang y Dewaele (2019), y demuestra cómo variables externas al alumno pueden influir en sus emociones y en su desempeño con respecto a la L2.

La *imprevisibilidad del profesor de L2* para algunos participantes de la muestra analizada fue también motivo de ansiedad. Nuestros hallazgos son consistentes con los de otras investigaciones previas (Dewaele y MacIntyre 2019; Jiang y Dewaele 2019), pero difieren de los de Saito *et al.* (2018) y Dewaele y MacIntyre (2014), quienes describieron la buena acogida de la imprevisibilidad de los docentes entre sus participantes. Dewaele *et al.* (2022) dilucidan esta discrepancia, que al parecer va más allá del aprendizaje de una L2. En este sentido, los investigadores confirmaron que la apreciación de la previsibilidad depende de la persona, la situación y el grupo social al que pertenece. Asimismo, exponen que el entorno sociocultural también puede determinar la apreciación de los estudiantes del comportamiento impredecible.

Antes de pasar a la discusión de la última pregunta de investigación que trataba sobre cómo perciben los estudiantes la influencia de los profesores en los episodios de disfrute y ansiedad, cabe hacer una salvedad. Al igual que Li, Dewaele y Jiang (2020), somos conscientes de que las percepciones de los estudiantes pueden no ser exactas. Ahora bien, los testimonios constituyen un valioso recurso que, sin duda, ayuda a la comprensión de la dinámica de las emociones de los estudiantes de lenguas extranjeras.

Las habilidades de los profesores que nuestros participantes informaron que influyeron en los episodios de disfrute fueron el *apoyo*, el *aliento* y la *motivación* recibidas por parte de sus docentes (para resultados similares, véase Dewaele y Alfawzan 2018). Estos hallazgos sustentan las reflexiones de Arnold y Brown (1999) y Gregersen y MacIntyre (2014) sobre la necesidad de que los profesores creen una experiencia de aprendizaje que implique el apoyo y promueva la solidaridad grupal. De acuerdo con estos investigadores, los docentes deben implementar un contexto en el aula emocionalmente seguro, donde se fomente la experimentación lingüística. Este aspecto también concuerda con las referencias al entorno seguro y al ambiente positivo que los participantes de nuestro estudio identificaron como factores influyentes en los episodios de disfrute. Nuestros resultados, en este caso, revelan la importancia de algunas de las competencias emocionales y profesionales que se demandan de los docentes en una clase de L2.

La *amabilidad* de los profesores de L2 también fue percibida por los participantes como una habilidad que incidía en los eventos de disfrute (para resultados similares véase Dewaele *et al.* 2019a). Otras investigaciones afines también coincidieron en que los docentes amigables fomentaban el disfrute de sus alumnos (Arnold 2011; Arnold y Brown 1999; Dewaele *et al.* 201; Dewaele y MacIntyre 2014; Oxford 2016). Nuestros hallazgos muestran cómo las destrezas sociales del profesor son apreciadas por los alumnos en el proceso de aprendizaje de una lengua extranjera.

Nuestros participantes también percibieron el *entusiasmo* transmitido por sus maestros como un elemento que contribuyó a los episodios de disfrute. Este hecho apunta a que la percepción del entusiasmo de sus docentes puede activar en los estudiantes emociones positivas como el disfrute. Estos resultados certifican la conclusión a la que llegaron Moskowitz y Dewaele (2021) de que el disfrute que experimentan los profesores entusiastas se transmite a sus alumnos. Li, Dewaele y Jiang (2020) también dan cuenta del contagio de emociones positivas entre maestros y alumnos. De igual modo, Frenzel *et al.* (2009), en su investigación con un grupo de profesores de Matemáticas, aludieron que el disfrute del maestro debe hacerse evidente y mostrarse como una forma de enseñanza entusiasta para que influya en el disfrute de los alumnos. Es decir, el disfrute experimentado por el docente, en la medida en que se traduzca en entusiasmo durante la enseñanza, afectará de manera positiva en el de los estudiantes.

Ahora bien, esta influencia, a nuestro modo de ver, plantea una interrogante: ¿puede esta relación ser bidireccional? ¿Los alumnos pueden influir también en las emociones de sus profesores? Comprobar la existencia de esta relación no fue objeto del presente estudio, pero los participantes de nuestra investigación percibieron que influyen en la actitud de sus profesores, como lo señaló el informante ID 59 en su testimonio. En consonancia con el hallazgo anteriormente descrito, Frenzel y Stephens (2013) dieron cuenta de esta relación recíproca. Según los autores, las emociones son contagiosas y pueden transmitirse a través de las interacciones sociales. Por consiguiente, es lógico pensar que las emociones de alumnos y profesores se influyen recíprocamente. Frenzel y Stephens (2013) brindaron un ejemplo: si un maestro se molesta en clase y muestra enojo, es probable que los estudiantes también se irriten, lo que, a su vez, puede agravar aún más el enfado del maestro que ya estaba molesto. Los resultados de nuestra investigación no nos permiten especular sobre las causas, intensidad o duración de esta relación, pero sí podemos exponer que posiblemente el participante ID 59 esté en lo cierto y su percepción del cambio de actitud en su profesora sea un hecho; una respuesta positiva ante su interés por el aprendizaje.

La *inflexibilidad del profesor*, los *problemas de comunicación en clase de L2 que afectan la enseñanza-aprendizaje* y *las actividades específicas desafiantes* fueron percibidas como las características del profesor que más repercutieron en los eventos de ansiedad. En este caso, coincidieron los temas de la percepción de los participantes sobre la influencia de su profesor en episodios de ansiedad y los eventos de ansiedad presentados por los participantes.

Una observación especialmente relevante es la constatación de que un mismo profesor influye tanto en los episodios de disfrute como en los de ansiedad. No es un resultado totalmente inesperado, pero hasta donde conocemos, no hay estudios que investiguen esta dinámica cambiante de la influencia de un mismo docente en las emociones negativas y positivas de sus alumnos. Esta fluctuación o cambio al que nos referimos puede ocurrir en una corta fracción de tiempo, o a lo largo de una clase o de un curso, según los testimonios de nuestros participantes. Los profesores pueden influir no solo en la aparición de ambas emociones, sino en la relación entre estas. Pongamos como ejemplo la situación en la que un maestro insista a un alumno para que hable y de esta forma practique la competencia oral. El estudiante recibirá este reto de forma positiva si tiene una relación cordial y de confianza con el profesor. Aunque *a priori* sea un episodio que en términos generales produce ansiedad, este alumno lo afrontará de otra manera.

En la práctica, como demuestran nuestros resultados, los profesores pueden generar tanto disfrute como ansiedad. De igual forma, el efecto que los maestros tienen sobre las emociones de los alumnos puede ser intencionado y no intencionado. Este hecho nos lleva a una idea planteada por Dewaele *et al.* (2018), que los estudiantes pueden estar tan ansiosos con los maestros apreciados como con los menos apreciados. Esta reflexión sugiere que, a pesar de que un profesor tenga una buena relación con sus alumnos, puede generar en ellos ansiedad y no necesariamente más o menos ansiedad que otros maestros. Además, se debe tener en cuenta, como hemos presentado en este estudio, que los docentes vistos como una de las fuentes de ansiedad coexisten con otras fuentes de ansiedad en la clase de L2, tales como las relaciones con los compañeros, las actitudes, la competencia entre los estudiantes, pero también con los rasgos de la personalidad de los alumnos, los planes de estudios, los diferentes tipos de evaluaciones, entre otros (Horwitz 2017). En definitiva, las causas de ansiedad son multifactoriales, lo que sugiere que los maestros están limitados en lo que pueden hacer para reducir la ansiedad de los estudiantes en las clases tradicionales (Dewaele y Dewaele 2020). Asimismo, la ansiedad podría considerarse como un fenómeno estable de los que aprenden una lengua extranjera y que probablemente han interiorizado después de años de experiencia en el aula, independientemente de los efectos inmediatos de su experiencia actual con maestros y compañeros (Dewaele y Dewaele 2017; Horwitz 2017; Horwitz, Horwitz y Cope 1986).

Conclusiones

El análisis del comportamiento de las emociones es una línea de investigación relativamente nueva en los estudios de lingüística aplicada. Con el presente trabajo perseguimos investigar la experiencia emocional vinculada al disfrute y a la ansiedad en un grupo de estudiantes noruegos que aprenden español como lengua extranjera. Los resultados obtenidos demostraron que no existe una diferencia significativa entre los niveles de disfrute y ansiedad que experimentan estos estudiantes. Ahora bien, estas emociones se vincularon de manera negativa. Este último resultado sugiere que la ansiedad y el disfrute son emociones independientes y no extremos opuestos de una sola dimensión, lo que, a su vez, apunta a que los alumnos pueden experimentar una de estas emociones o ambas y se puede dar la circunstancia de que las emociones colaboren.

El análisis de los relatos de disfrute y ansiedad narrados por los participantes, mostró que la ansiedad depende más de las características internas de los alumnos que de cualquier otra variable. En el caso de disfrute también se vincula a factores de los estudiantes. Nuevamente creemos que el contexto determina estos resultados. Resulta oportuno mencionar los temas que emergieron con mayor frecuencia del testimonio de los participantes que contribuyen al entendimiento de la dinámica del disfrute y la ansiedad en la muestra estudiada. Estos temas fueron *logro alcanzado en L2, tipo y contenido de las actividades* y *trabajo en grupo*, con respecto al disfrute; mientras que vinculados a la ansiedad se mencionaron con mayor asiduidad *la ansiedad producida por tener que hablar en clase de L2, las características del profesor de L2 que provocan ansiedad* y *logro no alcanzado*. También, se han recogido las percepciones de los estudiantes sobre la influencia de sus profesores en las mencionadas emociones. Dichas percepciones se pueden llegar a considerar un factor más influyente en el proceso de aprendizaje que la propia intención didáctica de los docentes.

Las emociones son un terreno muy poco investigado en el contexto noruego y este estudio ofrece evidencia de la complejidad y trascendencia del tema en este entorno, donde es la primera vez que se realiza una investigación de este tipo, hasta donde tenemos conocimiento. De igual modo, es significativo el hecho de que los estudios afines revisados para llevar a cabo el presente trabajo se centraron en su mayoría en el aprendizaje del inglés como lengua extranjera y no en el español, mientras que el presente estudio analizó las emociones en torno al aprendizaje de la lengua castellana. Por último, se debe significar un hecho que destaca en los testimonios de los participantes: una buena química entre estudiantes y profesores y una atención a las emociones pueden ayudar, sin lugar a duda, al progreso del aprendizaje del español en las aulas noruegas.

Los hallazgos del presente trabajo tienen implicaciones pedagógicas para la enseñanza del español como lengua extranjera en las aulas noruegas. Nuestro estudio se desarrolló en un país con poca densidad de población, con muchos extranjeros entre sus vecinos, con una economía muy atractiva que atrae la emigración y con una lengua que resulta minoritaria en el contexto global. Estas características de la nueva sociedad noruega, en especial la diversidad y los constantes cambios que se operan, han sido tenidas en cuenta para elaborar *Kunnskapsløftet* 2020. Estos planes de estudios se han diseñado para que se puedan adaptar a todos los alumnos de todos los niveles. Dichos planes no tienen listas de actividades, ni resúmenes detallados del contenido del conocimiento. Acorde con estos principios, desde UDIR se sugiere involucrar a los estudiantes para encontrar contenidos, métodos de trabajo, recursos de aprendizaje, actividades y formas de evaluación que sean relevantes y que contribuyan al aprendizaje (UDIR 2020). Es labor de los docentes escoger cómo y cuándo se realizan las evaluaciones y adaptarlas a sus alumnos. Sería interesante servirse de la flexibilidad que brinda el nuevo plan de estudios para que los profesores se orientasen menos a resultados medibles. Asimismo, sería conveniente que los profesores hicieran un esfuerzo para involucrar a los estudiantes en el diseño de pruebas y exámenes. Estas evaluciones deberían centrarse en el uso de las competencias en relación con temas de su interés y en situaciones relevantes para ellos, incluida la vida real. Las nuevas tecnologías y las redes sociales ofrecen un abanico de posibilidades en este sentido. Dewaele y Li (2020) subrayaron que las actividades extramuros de L2 como, por ejemplo, el aprendizaje móvil, las interacciones sociales y los juegos son cada vez más populares y tienen un mayor protagonismo en el aprendizaje de L2.

Asimismo, es incuestionable que las habilidades sociales de los profesores, como la amabilidad, el compromiso con el alumno y el apoyo, resultan fundamentales en el aula. Cuando estas se combinan con actividades que abordan temas interesantes y vinculados al uso real de la lengua, se potencia el disfrute del alumno. Este disfrute, a su vez, favorece un aprendizaje más efectivo. Ante la evidencia de la estrecha relación emocional entre los estudiantes y los profesores, «teachers could and should actively strive to make teaching a positive experience both for their own sake and for their students» (Moskowitz y Dewaele 2021: 126).

El presente estudio aporta datos interesantes a la comprensión del papel de las emociones en el proceso de aprendizaje de una lengua extranjera. Ahora bien, es necesario reconocer algunas de sus limitaciones. En primer lugar, nuestros participantes son estudiantes noruegos de entre 16 y 17 años de nivel II de español, pertenecientes a tres escuelas privadas en la comunidad de Viken. Es importante destacar que la muestra tiene un perfil muy concreto dentro de un entorno particular, el cual podría diferir notablemente del contexto de las escuelas públicas del país. Además, el tamaño del grupo fue moderado y no se utilizó un método de muestreo aleatorio, como se mencionó anteriormente. Esto implica que la muestra no sea representativa y, por lo tanto, los resultados no puedan generalizarse a la población de referencia. Una segunda limitación se podría deber al nivel autopercibido de español de los participantes, medio o medio bajo, que pudo haber influido en los resultados de nuestra investigación. Previamente se ha señalado que los niveles más altos de disfrute se relacionan con aquellos informantes que tienen mayor nivel autopercibido de la lengua extranjera.

Otra limitación se relaciona con el tipo de diseño. Si bien es cierto que un diseño de corte transversal, como el empleado en el presente estudio, ayuda a describir la relación entre las variables de interés, no se pueden establecer relaciones de causa y efecto ni tampoco el flujo dinámico de las emociones. En este sentido, estamos de acuerdo con Lazarus (2003) quien ha sido crítico con el uso de los estudios transversales en el campo de la investigación de las emociones. En la misma línea, Dewaele y Li (2020) constataron la necesidad de diseños longitudinales, especialmente de corte cualitativo, y añaden que se debe prestar especial atención a la reflexividad de los datos. Es decir, se debe atender a la interpretación que hacen los investigadores de los datos cualitativos porque son quienes, desde sus valores, identidades y experiencias, dan forma a los resultados de la investigación. Aunque la subjetividad es una característica indudable pero aceptada y hasta deseable de la investigación cualitativa, es un tema que genera mucha polémica. Pero más allá del debate, lo cierto es que es imposible que el investigador se desprenda de su subjetividad, sea considerada una ventaja o una desventaja. En este sentido, estamos de acuerdo con Gibbs (2012), quien afirma que los investigadores cualitativos tienen que reconocer que su trabajo refleja inevitablemente sus antecedentes y predilecciones. En consecuencia, una buena práctica es estar abierto respecto a estas influencias y dar una explicación clara de cómo se llega a las conclusiones y explicaciones.

También es importante mencionar que este estudio se centra en la percepción de los estudiantes sobre sus profesores, pero no considera cómo los propios docentes perciben su influencia en los eventos de disfrute y ansiedad. Somos conscientes de que esta información no habría dado respuesta a las preguntas de investigación formuladas y habría sido difícil recogerla en un estudio transversal, pero evidentemente no sabemos si las percepciones de los estudiantes corresponden o no a la realidad que pudieron informar por los profesores.

Es también interesante poner de manifiesto que los cuestionarios son herramientas de autoinforme que, en este caso, fueron aplicados por las profesoras de las clases. A pesar de ser cuestionarios anónimos, cabe el sesgo de deseabilidad social; en otras palabras, que los alumnos hayan elegido respuestas que puedan crear una impresión favorable ante sus profesoras. Además, se debe tener en cuenta que en la presente investigación el instrumento de recogida de datos, formado por las escalas de FLE (Dewaele y MacIntyre 2014) y de FLCAS (Horwitz, Horwitz y Cope 1986), sobre todo evalúa la ansiedad en la comunicación oral. Por tanto, las medias de disfrute y ansiedad probablemente no recogieron la ansiedad en otras situaciones comunicativas. Asimismo, con respecto a estos instrumentos, Dewaele y Li (2020) apuntan que son los únicos que se conocen para medir disfrute y ansiedad, de ahí que se puedan dar ciertas irregularidades psicométricas que pueden agregar ruido a algunos resultados empíricos.

El proceso de enseñanza-aprendizaje de lenguas es muy complejo y se viene desarrollando prácticamente desde que el ser humano puebla el planeta. Poco a poco vamos descubriendo e investigando las diferentes aristas que conforman esta poliédrica realidad. Y las emociones, que han sido muy poco tratadas y tenidas en cuenta durante muchos años, se vislumbran como un eje fundamental sobre el que trabajar y construir nuevas dinámicas, relaciones y procesos. Parece claro, tras este y otros muchos estudios, que nuestras emociones marcan la manera y la efectividad a la hora de aprender. Así parece ser en términos generales, pero esta reflexión podría considerarse fundamental a la hora de estudiar una lengua extranjera, cuando debemos enfrentarnos con distintos obstáculos y dificultades para expresar nuestras opiniones, sentimientos y sensaciones. De ahí que el trabajo en el desarrollo de relaciones sociales amables en el aula, en el que se respire un buen ambiente, en el que todas las partes se encuentren cómodas para participar, probar, equivocarse o acertar, parece clave para un aprendizaje productivo y satisfactorio de una lengua extranjera.

Y, como cierre, se sugieren las potenciales líneas de investigación que deja abiertas el presente trabajo. Para empezar, las investigaciones futuras podrían analizar otras emociones más allá de la ansiedad y el disfrute como, por ejemplo, la felicidad, la vergüenza, el orgullo (Ross y Rivers 2018), también presentes en las clases de L2. Esto ayudaría a describir el panorama emocional en las aulas de L2 que es tan importante en el aprendizaje de un idioma extranjero. En segundo lugar, la dinámica emocional también merece una investigación más profunda. Una mejor comprensión de los cambios de emociones, la coexistencia y las relaciones que se operan entre estas, podría ser utilizado en beneficio de los estudiantes. También, sería muy interesante estudiar la competencia social de los profesores y qué formación reciben en este sentido, así como las estrategias que utilizan para comprender el estado emocional de sus estudiantes. Por último, se debe mencionar que el estudio del flujo emocional arrojaría muchas luces sobre la comprensión de la influencia de las emociones en los procesos de aprendizaje, pero también de enseñanza. La investigación sobre la bidireccionalidad de las emociones entre profesores y alumnos aportaría conocimientos muy útiles en el día a día en las aulas de enseñanza de una lengua extranjera.

Referencias bibliográficas

Alenezi, Saud Mohammed (2020): «Foreign Language Enjoyment and Anxiety Among the Northern Borders University EFL Students: Links to Gender and Majors», *Journal for Educational, Psychological, and Social Research*, 39, 185, 1203-1233. DOI: https://doi.org/10.21608/jsrep.2020.86081

Arnold, Jane (2011): «Attention to Affect in Language Learning», *International Journal of English Studies*, 22, 1, 11-22. Disponible en https://files.eric.ed.gov/fulltext/ED532410.pdf [consulta: 19/10/2022].

Arnold, Jane y Henrik Douglas Brown (1999): «A Map of the Terrain», en Jane Arnold (ed.), *Affect in Language Learning*. Cambridge: Cambridge University Press, 1-24.

Arnold, Jane y José Manuel Foncubierta (2019): *La atención a los factores afectivos en la enseñanza de ELE*. Madrid: Edinumen.

Arnold, Jane y María del Carmen Fonseca-Mora (2007): «Affect in Teacher Talk», en Brian Tomlinson (ed.), *Language Acquisition*. Londres: Continuum, 107-121.

ATLAS.ti Scientific Software Development GmbH (2022): *ATLAS.ti Mac* (version 9) [Qualitative data analysis software]. https://atlasti.com/

Botes, Elouise, Jean-Marc Dewaele y Samuel Greiff (2020a): «The Foreign Language Classroom Anxiety Scale and Academic Achievement: An Overviewof the Prevailing Literature and a Meta-analysis», *Journal for the Psychology of Language Learning*, 2, 1, 26-56. DOI: https://doi.org/10.52598/jpll/2/1/3

Botes, Elouise, Jean-Marc Dewaele y Samuel Greiff (2020b): «The Power to Improve: Effects of Multilingualism and Perceived Proficiency on Enjoyment and Anxiety in Foreign Language Learning», *European Journal of Applied Linguistics,* 8, 2, 279-306 DOI: https://doi.org/10.1515/eujal-2020-0003

Botes, Elouise, Jean-Marc Dewaele, and Samuel Greiff (2021): «The Development and Validation of the Short Form of the Foreign Language Enjoyment Scale», *The Modern Language Journal*, 105, 4, 858-876. DOI: https://doi.org/10.1111/modl.12741

Botes, Elouise, Lindie van der Westhuizen, Jean-Marc Dewaele, Peter MacIntyre y Samuel Greiff (2022): «Validating the Short-Form Foreign Language Classroom Anxiety Scale», *Applied Linguistics*, 43, 5, 1006-1033. DOI: https://doi.org/10.1093/applin/amac018

Boudreau, Carmen, Jean-Marc Dewaele y Peter MacIntyre (2018): «Enjoyment and Anxiety in Second Language Communication: An Idiodynamic Approach», *Studies in Second Language Learning and Teaching,* 8, 1, 149-170. DOI: https://doi.org/10.14746/ssllt.2018.8.1.7

Braun, Virginia y Victoria Clarke (2006): «Using Thematic Analysis in Psychology», *Qualitative Research in Psychology*, 3, 2, 77-101. DOI: https://doi.org/10.1191/1478088706qp063oa

Chastain, Kenneth (1975): «Affective and Ability Factors in Second Language Acquisition», *Language Learning*, 25, 1, 153-161. DOI: https://doi.org/10.1111/j.1467-1770.1975. tb00115.x

Cheng, Yuh-show (2002): «Factors Associated with Foreign Language Writing Anxiety», *Foreign Language Annals*, 35, 6, 647-656. DOI: https://doi.org/10.1111/j.1944-9720.2002. tb01903.x

Chomsky, Noam (1959): «A Review of B. F. Skinner's Verbal Behavior», *Language*, 35, 1, 26-58. https://www.jstor.org/stable/411334 [consulta: 09/10/2022].

Consejo de Europa (2002): *Marco común europeo de referencia para las lenguas: Aprendizaje, enseñanza, evaluación*. Madrid: MECD – Anaya.

Csikszentmihalyi, Mihaly (1990): *Flow: The Psychology of Optimal Experience*. Nueva York: Harper Collins.

Damasio, Antonio (2006): *Descartes' Error: Emotion, Reason, and the Human Brain*. Londres: Vintage.

Datatilsyne (2022): Barneloven § 33 og De Alminnelige Kravene til Gyldig Samtykke. Disponible en: https://www.datatilsynet.no/rettigheter-og-plikter/virksomhetens-plikter/ om-behandlingsgrunnlag/samtykke/ [consulta: 09/01/2023].

Dewaele, Jean-Marc (2010): *Emotions in Multiple Languages*. Basingstoke: Palgrave Macmillan.

Dewaele, Jean-Marc (2015): «On Emotions in Foreign Language Learning and Use», *The Language Teacher*, 39, 3, 13-15. Disponible en: https://www.researchgate.net/publication/281716361_On_Emotions_in_Foreign_Language_Learning_and_Use [consulta: 15/06/2022].

Dewaele, Jean-Marc (2019a): «The Effect of Classroom Emotions, Attitudes Toward English, and Teacher Behaviour on Willingness to Communicate Among English Foreign Language Learners», *Journal of Language and Social Psychology*, 38, 4, 523-535. DOI: https://doi.org/10.1177/0261927X19864996

Dewaele, Jean-Marc (2019b): «When Elephants Fly: The Lift-Off of Emotion Research in Applied Linguistics», *The Modern Language Journal*, 103, 2, 533-536. DOI: https://doi.org/10.1111/modl.12576

Dewaele, Jean-Marc, Alfaf Albakistani y Iman Kamal Ahmed (2022): «Levels of Foreign Language Enjoyment, Anxiety and Boredom in Emergency Remote Teaching and in In-Person Classes», *The Language Learning Journal*, 52, 1, 117-130. DOI: https://doi.org /10.1080/09571736.2022.2110607

Dewaele, Jean-Marc y Mateb Alfawzan (2018): «Does the Effect of Enjoyment Outweigh that of Anxiety in Foreign Language Performance?», *Studies in Second Language Learning and Teaching*, 8, 1, 16-21. DOI: https://doi.org/10.14746/ssllt.2018.8.1.2

Dewaele, Jean-Marc y Taghreed M. Al-Saraj (2013): «Foreign Language Anxiety: Some Conceptual and Methodological Issues», *The Journal of Psychology Interdisciplinary and Applied*, 68, 3, 72-78. Disponible en: https://www.researchgate.net/ publication/261297525_Foreign_Language_Anxiety_Some_conceptual_and_methodological_issues [consulta: 12/06/2022].

Dewaele, Jean-Marc, Xinjie Chen, Amado M. Padilla y John G. Lake (2019): «The Flowering of Positive Psychology in Foreign/Second Language Teaching and Acquisition Research», *Frontiers in Psychology*, 10, Artículo 2128. DOI: https://doi.org/10.3389/fpsyg.2019.02128

Dewaele, Jean-Marc y Chengchen Li (2020): «Emotions in Second Language Acquisition: A Critical Review and Research Agenda», *Foreign Language World*, 196, 1, 34-49. Disponible en: https://eprints.bbk.ac.uk/id/eprint/32797/3/32797.pdf [consulta: 10/10/2022].

Dewaele, Jean-Marc y Chengchen Li (2021): «Teacher Enthusiasm and Students' Social-Behavioral Learning Engagement: The Mediating Role of Student Enjoyment and Boredom in Chinese EFL Classes», *Language Teaching Research*, 25, 6, 922-945. DOI: https://doi.org/10.1177/136216882110145

Dewaele, Jean-Marc y Chengchen Li (2022): «Foreign Language Enjoyment and Anxiety: Associations with General and Domain-Specific English Achievement», *Chinese Journal of Applied Linguistics*, 45, 1, 32-48. DOI: https://doi.org/10.1515/CJAL-2022-0104

Dewaele, Jean-Marc y Livia Dewaele (2017): «The Dynamic Interactions in Foreign Language Classroom Anxiety and Foreign Language Enjoyment of Pupils Aged 12 to 18. A Pseudo-Longitudinal Investigation», *Journal of the European Second Language Association*, 1, 1, 12-22. DOI: https://doi.org/10.22599/jesla.6

Dewaele, Jean-Marc y Livia Dewaele (2020): «Are Foreign Language Learners' Enjoyment and Anxiety Specific to the Teacher? An Investigation into the Dynamics of Learners' Classroom Emotions», *Studies in Second language Learning*, 10, 1, 45-65. DOI: https://doi.org/10.14746/ssllt.2020.10.1.3

Dewaele, Jean-Marc, Andrea Franco Magdalena y Kazuya Saito (2019): «The Effect of Perception of Teacher Characteristics on Spanish EFL Learners' Anxiety and Enjoyment», *The Modern Language Journal*, 103, 2, 412-427. DOI: https://doi.org/10.1111/modl.12555

Dewaele, Jean-Marc y Peter D. MacIntyre (2014): «The Two Faces of Janus? Anxiety and Enjoyment in the Foreign Language Classroom», *Studies in Second Language Learning and Teaching*, 4, 2, 237-274. DOI: https://doi.org/10.14746/ssllt.2014.4.2.5

Dewaele, Jean-Marc y Peter D. MacIntyre (2016): «Foreign Language Enjoyment and Foreign Language Classroom Anxiety: The Right and Left Feet of the Language Learner», en Peter D. MacIntyre, Tammy Gregersen y Sarah Mercer (eds.), *Positive Psychology in SLA*. Bristol: Multilingual Matters, 215-236. DOI: https://doi.org/10.21832/9781783095360-010

Dewaele, Jean-Marc y Peter D. MacIntyre, (2019): «The Predictive Power of Multicultural Personality Traits, Learner and Teacher Variables on Foreign Language Enjoyment and Anxiety», en Masatoshi Sato y Shawn Loewen (eds.), *Evidence-Based Second Language Pedagogy: A Collection of Instructed Second Language Acquisition Studies*. Nueva York: Routledge, 263-268.

Dewaele, Jean-Marc, John Witney, Kazuya Saito y Livia Dewaele (2018): «Foreign Language Enjoyment and Anxiety: The Effect of Teacher and Learner Variables», *Language Teaching Research,* 22, 6, 676-697. DOI: https://doi.org/10.1177/1362168817692161

Dörnyei, Zoltán (2007): *Research Methods in Applied Linguistics: Quantitative, Qualitative and Mixed Methodologies*. Oxford: Oxford University Press.

Fredrickson, Barbara L. (2001): «The Role of Positive Emotions in Positive Psychology: The Broaden-and-Build Theory of Positive Emotions», *American Psychologist*, 56, 3, 218-226. DOI: https://doi.org/10.1037/0003-066X.56.3.218

Fredrickson, Barbara L. (2003): «The Value of Positive Emotions: The Emerging Science of Positive Psychology Is Coming to Understand Why It's Good to Feel Good», *American Scientist*, 91, 4, 330-335. Disponible en: https://www.americanscientist.org/sites/americanscientist.org/files/20058214332_306.pdf [consulta: 06/05/2022].

Fredrickson, Barbara L. (2013): «Updated Thinking on Positivity Ratios», *American Psychologist*, 68, 9, 814-822. DOI: https://doi.org/10.1037/a0033584

Frenzel, Anne C., Thomas Goetz, Oliver Lüdtke, Reinhard Pekrun y Rosemary E. Sutton (2009): «Emotional Transmission in the Classroom: Exploring the Relationship Between Teacher and Student Enjoyment», *Journal of Educational Psychology*, 101, 3, 705-716. DOI: https://doi.org/10.1037/a0014695

Frenzel, Anne C. y Elizabeth J. Stephens, (2013): «Emotions», en Nathan C. Hall y Thomas Goetz (eds.), *Emotion, Motivation, and Self-Regulation: A Handbook for Teachers*. Bingley: Emerald, 1-56.

Gardner, Robert C. (1985): *Social Psychology and Second Language Learning: The Role of Attitudes and Motivation*. Londres: Edward Arnold.

Gibbs, Graham (2012): *El análisis de datos cualitativos en investigación cualitativa*. Madrid: Ediciones Morata, S. L.

Goleman, Daniel (1996): *Inteligencia emocional*. Barcelona: Editorial Kairós.

Gregersen, Tammy (2003): «To Err Is Human: A Reminder to Teachers of Language-Anxious Students», *Foreign Language Annals*, 36, 1, 25-32. DOI: https://doi.org/10.1111/j.1944-9720.2003.tb01929.x

Gregersen, Tammy (2009): «Recognizing Visual and Auditory Cues in the Detection of Foreign-Language Anxiety», *TESL Canada Journal*, 26, 2, 46-64. DOI: https://doi.org/10.18806/tesl.v26i2.414

Gregersen, Tammy y Peter D. MacIntyre (2014): *Capitalizing on Language Learner Individuality*. Bristol: Multilingual Matters.

Guntzviller, Lisa M., Robert N. Yale y Jakob D. Jensen (2016): «Foreign Language Communication Anxiety Outside of a Classroom: Scale Validation and Curvilinear Relationship with Foreign Language Use», *Journal of Cross-Cultural Psychology*, 47, 4, 605-625. DOI: https://doi.org/10.1177/002202211663574

Held, Barbara S. (2004): «The Negative Side of Positive Psychology», *Journal of Humanistic Psychology*, 44, 1, 9-46. DOI: https://doi.org/10.1177/002216780325964

Hembree, Ray (1988): «Correlates, Causes, Effects, and Treatment of Test Anxiety», *Review of Educational Research*, 58, 1, 47-77. DOI: https://doi.org/10.3102/00346543058001047

Hervás, Gonzalo (2009): «Psicología positiva: Una introducción», *Revista Interuniversitaria de Formación del Profesorado*, 23, 3, 23-41. https://www.researchgate.net/publication/236904237_Psicologia_Positiva_Una_introduccion [consulta: 22/05/2022].

Horwitz, Elaine K. (2001): «Language Anxiety and Achievement», *Annual Review of Applied Linguistics*, 21, 112-126. DOI: https://doi.org/10.1017/S0267190501000071

Horwitz, Elaine K. (2010): «Foreign and Second Language Anxiety», *Language Teaching*, 43, 2, 154-167. DOI: https://doi.org/10.1017/S026144480999036X

Horwitz, Elaine K. (2017): «On the Misreading of Horwitz, Horwitz and Cope (1986) and the Need to Balance Anxiety Research and the Experiences of Anxious Language Learners», en Christina Gkonou, Mark Daubney y Jean-Marc Dewaele (eds.), *New Insights into Language Anxiety: Theory, Research and Educational Implications*. Bristol: Multilingual Matters, 31-48.

Horwitz, Elaine K., Michael B. Horwitz, y Joann Cope (1986): «Foreign Language Classroom Anxiety», *The Modern Language Journal, 70*, 2, 125-132. DOI: https://doi.org/10.1111/j.1540-4781.1986.tb05256.x

Hulstijn, Jan H. (2007): «Fundamental Issues in the Study of Second Language Acquisition», *EuroSLA Yearbook*, 7, 1, 191-203. DOI https://doi.org/10.1075/eurosla.7.11hul

JASP Team (2022): *JASP* (Version 0.17.3) [Computer software].

Jiang, Yan y Jean-Marc Dewaele (2019): «How Unique Is the Foreign Language Classroom Enjoyment and Anxiety of Chinese EFL Learners?», *System*, 82, 13-25. DOI: https://doi.org/10.1016/j.system.2019.02.017

Jin, Yinxing y Lawrence Jun Zhang (2021): «The Dimensions of Foreign Language Classroom Enjoyment and their Effect on Foreign Language Achievement», *International Journal of Bilingual Education and Bilingualism*, 24, 7, 948-962. DOI: https://doi.org/10.1080/13670050.2018.1526253

Kleinmann, Howard H. (1977): «Avoidance Behavior in Adult Second Language Acquisition», *Language Learning*, 27, 1, 93-107. DOI: https://doi.org/10.1111/j.1467-1770.1977.tb00294.x

Krashen, Stephen (1985): *The Input Hypothesis: Issues and Implications*. Londres: Longman.

Kunnskapsløftet (2006): *Utdanningsdirektoratet* (2023). Disponible en https://www.udir.no/laring-og-trivsel/lareplanverket/ [consulta: 12/01/2023].

Kunnskapsløftet (2020): *Utdanningsdirektoratet* (2023). Disponible en https://www.udir.no/laring-og-trivsel/lareplanverket/ [consulta: 12/01/2023].

Lazarus, Richard S. (2003): «Does the Positive Psychology Movement Have Legs?», *Psychological Inquiry*, 14, 2, 93-109. DOI: https://doi.org/10.1207/S15327965PLI1402_02

LeDoux, Joseph E. (1996): *The Emotional Brain: The Mysterious Underpinnings of Emotional Life*. Nueva York: Simon & Schuster.

Li, Chengchen (2020): «A Positive Psychology Perspective on Chinese EFL Students' Trait Emotional Intelligence, Foreign Language Enjoyment and EFL Learning Achievement», *Journal of Multilingual and Multicultural Development*, 41, 3, 246-263. DOI: https://doi.org/10.1080/01434632.2019.1614187

Li, Chengchen, Jean-Marc Dewaele y Guiying Jiang (2020): «The Complex Relationship Between Classroom Emotions and EFL Achievement in China», *Applied Linguistics Review*, 11, 3, 485-510. DOI: https://doi.org/10.1515/applirev-2018-0043

Li, Chengchen, Guiying Jiang y Jean-Marc Dewaele (2018): «Understanding Chinese High School Students' Foreign Language Enjoyment: Validation of the Chinese Version of the Foreign Language Enjoyment Scale», *System*, 76, 183-196. DOI: https://doi.org/10.1016/j.system.2018.06.004

MacIntyre, Peter D. (1999): «Language Anxiety: A Review of the Research for Language Teachers», en Dolly Jesusita Young (ed.), *Affect in Foreign Language and Second Language*

Teaching: A Practical Guide to Creating a Low-Anxiety Classroom Atmosphere. Boston: McGraw-Hill, 24-45.

MacIntyre, Peter D. (2002): «Motivation, Anxiety and Emotion in Second Language Acquisition», en Peter Robinson (ed.), *Individual Differences in Second Language Acquisition*. Amsterdam: John Benjamins, 45-68.

MacIntyre, Peter D., Richard Clément, Zoltán Dörnyei y Kimberly A. Noels, (1998): «Conceptualizing Willingness to Communicate in a L2: A Situational Model of L2 Confidence and Affiliation», *The Modern Language Journal*, 82, 4, 545-562. DOI: https://doi.org/10.1111/j.1540-4781.1998.tb05543.x

MacIntyre, Peter D. y Robert C. Gardner (1989): «Anxiety and Second-Language Learning: Toward a Theoretical Clarification», *Language Learning*, 39, 2, 251-275. DOI: https://doi.org/10.1111/j.1467-1770.1989.tb00423.x

MacIntyre, Peter D. y Tammy Gregersen (2012): «Emotions that Facilitate Language Learning: The Positive-Broadening Power of the Imagination», *Studies in Second Language Learning and Teaching*, 2, 2, 193-213. DOI: https://doi.org/10.14746/ssllt.2012.2.2.4

MacIntyre, Peter D., Tammy Gregersen y Sarah Mercer (2019): «Setting an Agenda for Positive Psychology in SLA: Theory, Practice, and Research», *The Modern Language Journal*, 103, 1, 262-274. DOI: https://doi.org/10.1111/modl.12544

MacIntyre, Peter D. y James Janson Legatto (2011): «A Dynamic System Approach to Willingness to Communicate: Developing an Idiodynamic Method to Capture Rapidly Changing Affect», *Applied Linguistics*, 32, 2, 149-171. DOI: https://doi.org/10.1093/applin/amq037

Manstead, Antony S. R. (1991): «Emotion in Social Life», *Cognition & Emotion*, 5, 5-6, 353-362. DOI: https://doi.org/10.1080/02699939108411047

Mierzwa, Ewelina (2018): «The Relationship Between Foreign Language Enjoyment and Gender Among Secondary Grammar School Students», *Journal of Education, Culture and Society*, 9, 2, 117-135. DOI: https://doi.org/10.15503/jecs20182.117.135

Moskowitz, Sharona y Jean-Marc Dewaele (2021): «Is Teacher Happiness Contagious? A Study of the Link Between Perceptions of Language Teacher Happiness and Student Attitudes», *Innovation in Language Learning and Teaching*, 15, 2, 117-130. DOI: https://doi.org/10.1080/17501229.2019.1707205

Oxford, Rebecca L. (2016): «Toward a Psychology of Well-Being for Language Learners: The "EMPATHICS" Vision», en Tammy Gregersen, Peter D. MacIntyre y Sarah Mercer (eds.), *Positive Psychology in SLA*. Bristol: Multilingual Matters, 10-87.

Pavelescu, Liana Maria (2019): «Motivation and Emotion in the EFL Learning Experience of Romanian Adolescent Students: Two Contrasting Cases», *Studies in Second Language Learning and Teaching*, 9, 1, 55-82. DOI: https://doi.org/10.14746/ssllt.2019.9.1.4

Pavelescu, Liana Maria y Bojana Petrić (2018): «Love and Enjoyment in Context: Four Case Studies of Adolescent EFL Learners», *Studies in Second Language Learning and Teaching*, 8, 1, 73-101. DOI: https://doi.org/10.14746/ssllt.2018.8.1.4

Pavlenko, Aneta (2013): «The Affective Turn in SLA: From 'Affective Factors' to 'Language Desire' and 'Commodification of Affect'», en Danuta Gabrys-Barker y Joanna Bielska (eds.), *The Affective Dimension in Second Language Acquisition*. Bristol: Multilingual Matters, 3-28.

Pekrun, Reinhard (2006): «The Control-Value Theory of Achievement Emotions: Assumptions, Corollaries, and Implications for Educational Research and Practice», *Educational Psychology Review,* 18, 4, 315-341. DOI: https://doi.org/10.1007/s10648-006-9029-9

Pekrun, Reinhard (2014): «Emotions and Learning», *Educational Practices Series*, Vol. 24. International Academy of Education (IAE) and International Bureau of Education (IBE) of the United Nations Educational, Scientific and Cultural Organization (UNESCO), Geneva, Switzerland.

Phelps, Elizabeth A. (2006): «Emotion and Cognition: Insights from Studies of the Human Amygdala», *Annual Review of Psychology,* 57, 1, 27-53. DOI: https://doi.org/10.1146/annurev.psych.56.091103.070234

Reinhard Pekrun, Anne C. Frenzel, Thomas Goetz y Raymond P. Perry (2007): «The Control-Value Theory of Achievement Emotions: An Integrative Approach to Emotions in Education» en Paul A. Schutz y Reinhard Pekrun (eds.), *Emotion in Education*. Amsterdam: Academic Press, 13-36.

Pekrun, Reinhard, Thomas Goetz, Lia M. Daniels, Robert H. Stupnisky y Raymond P. Perry (2010): «Boredom in Achievement Settings: Exploring Control-Value Antecedents and Performance Outcomes of a Neglected Emotion», *Journal of Educational Psychology*, 102, 3, 531-549. DOI: https://doi.org/10.1037/a0019243

Peterson, Christopher (2006): *A Primer in Positive Psychology*. Nueva York: Oxford University Press.

Piniel, Katalin y Ágnes Albert (2018): «Advanced Learners' Foreign Language-Related Emotions Across the Four Skills», *Studies in Second Language Learning and Teaching*, 8, 1, 127-147. DOI: https://doi.org/10.14746/ssllt.2018.8.1.6

Plonsky, Luke y Frederick L. Oswald (2014): «How Big Is "Big"? Interpreting Effect Sizes in L2 Research», *Language Learning*, 64, 4, 878-912. DOI: https://doi.org/10.1111/lang.12079

Prior, Matthew T. (2019): «Elephants in the Room: An "Affective Turn", or Just Feeling our Way?», *The Modern Language Journal*, 103, 2, 516-527. DOI: https://doi.org/10.1111/modl.12573

Real Academia Española: *Diccionario de la lengua española*. 23.ª ed., [versión 23.7 en línea]. Disponible en https://dle.rae.es [consulta: 08/02/2023].

Reeve, Johnmarshall (2018): *Understanding Motivation and Emotion* (7th ed). Nueva York: John Wiley & Sons.

Rodriguez, Máximo y Orangel Abreu (2003): «The Stability of General Foreign Language Classroom Anxiety Across English and French», *The Modern Language Journal*, 87, 3, 365-374. DOI: https://doi.org/10.1111/1540-4781.00195

Ross, Andrews S. (2015): «From Motivation to Emotion. A New Chapter in Applied Linguistics Research», *University of Sydney Papers in TESOL,* 10, 1-27.

Ross, Andrews S. y Rivers Damian J. (2018): «Emotional Experiences Beyond the Classroom: Interactions with the Social World», *Studies in Second Language Learning and Teaching*, 8, 1, 103-126. DOI: https://doi.org/10.14746/ssllt.2018.8.1.5

Ryan, Richard M., James P. Connell y Robert W. Plant (1990): «Emotions in Nondirected Text Learning», *Learning and Individual Differences,* 2, 1, 1-17. DOI: https://doi.org/10.1016/1041-6080(90)90014-8

Saito, Kazuya, Jean-Marc Dewaele, Mariko Abe y Yo In'nami (2018): «Motivation, Emotion, Learning Experience, and Second Language Comprehensibility Development in Classroom Settings: A Cross-Sectional and Longitudinal Study», *Language Learning,* 68, 3, 709-743. DOI: https://doi.org/10.1111/lang.12297

Saito, Yoshiko, Thomas J. Garza y Elaine K. Horwitz (1999): «Foreign Language Reading Anxiety», *The Modern Language Journal,* 83, 2, 202-218. DOI: https://doi.org/10.1111/0026-7902.00016

Schumann, John (1994): «Where Is Cognition?», *Studies in Second Language Acquisition,* 16, 2, 231-242. DOI: http://dx.doi.org/10.1017/S0272263100012894

Schutz, Paul A. y Jessica T. DeCuir-Gunby (2002): «Inquiry on Emotions in Education», *Educational Psychologist,* 37, 2, 125-134. https://doi.org/10.1207/S15326985EP3702_7

Scovel, Thomas (1978): «The Effect of Affect on Foreign Language Learning: A Review of the Anxiety Research», *Language Learning,* 28, 1, 129-142. DOI: https://doi.org/10.1111/j.1467-1770.1978.tb00309.x

Scovel, Thomas (2001): *Learning New Languages: A Guide to Second Language Acquisition.* Boston: Heinle y Heinle.

Seligman, Martin E. P. (2011): *Flourish: A Visionary New Understanding of Happiness and Well-Being.* Nueva York: Atria.

Seligmany, Martin E. P. y Mihaly Csikszentmihalyi (2000): «Positive Psychology: An Introduction», *American Psychologist,* 55, 1, 5-44. DOI: https://doi.org/10.1037/0003-066X.55.1.5

Shao, Kaiqi, Laura J. Nicholson, Gulsah Kutuk y Fei Lei (2020): «Emotions and Instructed Language Learning: Proposing a Second Language Emotions and Positive Psychology model», *Frontiers in Psychology,* 11, Artículo 2142. DOI: https://doi.org/10.3389/fpsyg.2020.02142

Shao, Kaiqi, Reinhard Pekrun y Laura J. Nicholson (2019): «Emotions in Classroom Language Learning: What Can We Learn from Achievement Emotion Research?», *System,* 86, 1-11. DOI: https://doi.org/10.1016/j.system.2019.102121

Shirvan, Majid Elahi y Talebzadeh, Nahid (2018): «Foreign Language Anxiety and Enjoyment in an Imagined Community», *Eurasian Journal of Applied Linguistics,* 4, 2, 109-133. DOI: https://doi.org/10.32601/ejal.464043

Shuell, Thomas J. (2001): «Teaching and Learning in the Classroom», en Neil J. Smelser y Paul B. Baltes (eds.), *International Encyclopedia of the Social and Behavioral Sciences.* Pergamon, 15468-15472. DOI: https://doi.org/10.1016/B0-08-043076-7/02449-9

Sparks, Richard L. y Leonore Ganschow (1991): «Foreign Language Learning Difficulties: Affective or Native Language Aptitude Differences?», *The Modern Language Journal,* 75, 1, 3-16.DOI: https://doi.org/10.1111/j.1540-4781.1991.tb01076.x

Statistisk Sentralbyrå (2021): *Fakta om Utdanning 2021.* Disponible en https://www.ssb.no/utdanning/artikler-og-publikasjoner/fakta-om-utdanning-2021 [consulta: 08/02/2023].

Swain, Merrill (2013): «The Inseparability of Cognition and Emotion in Second Language Learning», *Language Teaching,* 46, 2, 195-207. DOI: https://doi.org/10.1017/S0261444811000486

Xie, Fang y Xue-mei Jiang (2007): «Error analysis and the EFL classroom teaching», *US-China Education Review,* 4, 9, 10-14. Disponible en: https://files.eric.ed.gov/fulltext/ED502653.pdf [consulta: 27/12/2022].

Van der Zee, Karen, Jan Pieter Oudenhoven, Joseph G. Ponterotto y Alexander W. Fietzer (2013): «Multicultural Personality Questionnaire: Development of a Short Form», *Journal of Personality Assessment*, 95, 1, 118-124. DOI: https://doi.org/10.1080/00223 891.2012.718302

Wong, Paul T. P. (2019): «Second Wave Positive Psychology's (PP 2.0) Contribution to Counselling Psychology», *Counselling Psychology Quarterly,* 32, 3-4, 275-284. DOI: https://doi.org/10.1080/09515070.2019.1671320

Anexos

Anexo 1. Encuesta

UNDERSØLKELSE: Lære spansk språk

Jeg har blitt informert om temaet av denne studien og samtykker villig til å delta i den. Jeg forstår at jeg når som helst kan trekke meg fra studien. Kryss av i boksen ☐

DEL/ SECTION 1

1. Hvor gammel er du?
What is your age?

    o   16
    o   17
    o   18
    o   19+

2. Hvilket kjønn identifiserer du deg som?
What gender do you identify as?

    o   Hunkjønn/ Female
    o   Hankjønn/ Male
    o   Ikke definert kjønn / Custom (please specify)_____
    o   Foretrekker å ikke si/ Prefer not to say_____

3. Hva er din videregående skole?
What high school do you attend?

---

4. Hvor mange språk er du i stand til å snakke flytende?
How many languages are you capable of speaking fluently?

- o 1
- o 2
- o 3
- o 4
- o 5+

5. Hvor mange måneder hadde du spansk digital undervisning i løpet av koronapandemien?
How many months did you have remote Spanish classes during the Corona pandemic?

- o 6 måneder
- o 9 måneder
- o 12 måneder

6. Hvilken karakter fikk du i spansk forrige skoleår?
What grade did you get in your Spanish class last school year?

- o IV
- o 1
- o 2
- o 3
- o 4
- o 5
- o 6

7.Hvordan vil du beskrive din mestring av det spanske språket?
How would you describe your mastery of the Spanish language?

- o beginner
- o low intermediate
- o intermediate
- o high intermediate
- o advanced

8.Hvor ofte øver du på å snakke spansk i klassen din?
How often do you practice speaking Spanish in your class?

- o never
- o hardly never
- o sometimes
- o often
- o always

9.Hvor ofte øver du på å snakke spansk utenfor klasserommet?
How often do you practice speaking Spanish outside of the classroom?

- o   never
- o   hardly never
- o   sometimes
- o   often
- o   always

DEL/ SECTION 2

10. How much do you agree with the following statements?
Foreign Language Enjoyment Scale

10.1 I am proud of my accomplishments in the Spanish class.

- o   strongly disagree
- o   disagree
- o   undecided
- o   agree
- o   strongly agree

10.2 I enjoy learning Spanish.

- o   strongly disagree
- o   disagree
- o   undecided
- o   agree
- o   strongly agree

10.3 It's fun to learn Spanish.

- o   strongly disagree
- o   disagree
- o   undecided
- o   agree
- o   strongly agree

10.4 There is a good atmosphere in our Spanish class.

- o   strongly disagree
- o   disagree
- o   undecided
- o   agree
- o   strongly agree

10.5 We form a tight group.

- o strongly disagree
- o disagree
- o undecided
- o agree
- o strongly agree

10.6 We laugh a lot in the Spanish class.

- o strongly disagree
- o disagree
- o undecided
- o agree
- o strongly agree

10.7 My Spanish teacher is encouraging

- o strongly disagree
- o disagree
- o undecided
- o agree
- o strongly agree

10.8 My Spanish teacher is friendly.

- o strongly disagree
- o disagree
- o undecided
- o agree
- o strongly agree

10.9 My Spanish teacher is supportive.

- o strongly disagree
- o disagree
- o undecided
- o agree
- o strongly agree

DEL/ SECTION 3

11.How much do you agree with the following statements?
Foreign Language Classroom Anxiety Scale

11.1 Even if I am well prepared for Spanish class, I feel anxious about it.

- o   strongly disagree
- o   disagree
- o   undecided
- o   agree
- o   strongly agree

11.2 I always feel that the other students speak Spanish better than I do.

- o   strongly disagree
- o   disagree
- o   undecided
- o   agree
- o   strongly agree

11.3 I can feel my heart pounding when I'm going to be called on in Spanish class.

- o   strongly disagree
- o   disagree
- o   undecided
- o   agree
- o   strongly agree

11.4 I don't worry about making mistakes in Spanish class.

- o   strongly disagree
- o   disagree
- o   undecided
- o   agree
- o   strongly agre

11.5 I feel confident when I speak Spanish in class.

- o   strongly disagree
- o   disagree
- o   undecided
- o   agree
- o   strongly agree

11.6 I get nervous and confused when I am speaking in my Spanish class.

- o   strongly disagree
- o   disagree
- o   undecided
- o   agree
- o   strongly agree

11.7 I start to panic when I have to speak without preparation in my Spanish class.

- o   strongly disagree
- o   disagree
- o   undecided
- o   agree
- o   strongly agree

11.8 It embarrasses me to volunteer answers in my Spanish class.

- o   strongly disagree
- o   disagree
- o   undecided
- o   agree
- o   strongly agree

Åpne spørsmål

DEL/ SECTION 4

Du skal svare på spørsmål som er formulert på norsk og engelsk. Svar på det språket som du foretrekker.
You are going to answer questions that are formulated in Norwegian and English. Answer in the language that is most comfortable for you.

12. Fortell om en konkret hendelse eller episode i den spanske læringsprosessen som du virkelig likte, og beskriv følelsen din så detaljert som mulig.
Describe a specific event or episode in your Spanish learning that you really enjoyed and describe your feelings about it, as detailed as possible.

13. Fortell om en konkret hendelse eller episode i den spanske læringsprosessen som gjorde deg nervøs eller som du ikke likte, og beskriv følelsen din så detaljert som mulig.
Describe a specific event or episode in your Spanish learning that has caused you anxiety, or you did not like, and describe your feelings about it as detailed as possible.

14. Har lærerne dine negativt eller positivt påvirket disse episodene av glede/nervøsitet? Forklar svaret ditt.
Have your teachers negatively or positively influenced these episodes of enjoyment and anxiety? Please explain and justify your answer.

Takk for hjelpen!

Anexo 2

Cuestionario piloto A

UNDERSLKELSE: Lære spansk språk

Jeg har blitt informert om temaet av denne studien og samtykker villig til å delta i den. Jeg forstår at jeg når som helst kan trekke meg fra studien. Kryss av i boksen ☐

DEL/ SECTION 1

1. Hvor gammel er du?
What is your age?

       x_17   _18   _19   _20   _20+

2. Hvilket kjønn identifiserer du deg som?
What gender do you identify as?

       1. _Female/ hunkjønn
       2. x_Male/ hankjønn
       3. _Custom (please specify)/ Ikke definert kjønn_____
       4. Prefer not to say/ Foretrekker å ikke si_____

3. Hva er din videregående skole?
What high school do you attend?

4. Hvor mange språk er du i stand til å snakke flytende?
How many languages are you capable of speaking fluently?

       _1   x_2   _3   _4   _4+

5. Hvor mange måneder hadde du spansk digital undervisning i løpet av koronapandemien?
How many months did you have remote Spanish classes during the Corona pandemic?

       _6 måneder   _9 måneder   x_12 måneder

6. Hvilken karakter fikk du i spansk forrige skoleår?
What grade did you get in your Spanish class last school year?

       _1   x_2   _3   _4   _5   _6

7. Hvordan vil du beskrive din mestring av det spanske språket?
How would you describe your mastery of the Spanish language?

    _beginner   _xlow intermediate   _intermediate
    _high intermediate   _ advanced

8. Hvor ofte øver du på å snakke spansk i klassen din?
How often do you practice speaking Spanish in your class?

    _never   _hardly never   _sometimes   _often   x_always

9. Hvor ofte øver du på å snakke spansk utenfor klasserommet?
How often do you practice speaking Spanish outside of the classroom?

    _never   _hardly never   _sometimes   _often   x_always

DEL/ SECTION 2

10. How much do you agree with the following statements?

Foreign Language Enjoyment Scale	strongly disagree	disagree	undecided	agree	strongly agree
1. I am proud of my accomplishments in the Spanish class			X		
2. I enjoy learning Spanish			X		
3. It's fun to learn Spanish				X	
4. There is a good atmosphere in our Spanish class				X	
5. We form a tight group				X	
6. We laugh a lot in the Spanish class				X	
7. My Spanish teacher is encouraging				X	
8. My Spanish teacher is friendly				X	
9. My Spanish teacher is supportive				X	

DEL/ SECTION 3

11. How much do you agree with the following statements?

Foreign Language Enjoyment Scale	strongly disagree	disagree	undecided	agree	strongly agree
1. Even if I am well prepared for Spanish class, I feel anxious about it	X				
2. I always feel that the other students speak Spanish better than I do			X		
3. I can feel my heart pounding when I'm going to be called on in Spanish class		X			
4. I don't worry about making mistakes in Spanish class				X	
5. I feel confident when I speak Spanish in class				X	
6. I get nervous and confused when I am speaking in my Spanish class			X		
7. I start to panic when I have to speak without preparation in my Spanish class	X				
8. It embarrasses me to volunteer answers in my Spanish class		X			

Åpne spørsmål

DEL/ SECTION 4

Du skal svare på spørsmål som er formulert på norsk og engelsk. Svar på det språket som du foretrekker.
You are going to answer questions that are formulated in Norwegian and English. Answer in the language that is most comfortable for you.

12. Fortell om en konkret hendelse eller episode i den spanske læringsprosessen som du virkelig likte, og beskriv følelsen din så detaljert som mulig.
Describe a specific event or episode in your Spanish learning that you really enjoyed and describe your feelings about it, as detailed as possible. Når vi var I den skolen I spania og møtte de spanske elevene på skolen demmes, også fikk vi gå rundt og de viste oss skolen dems

13. Fortell om en konkret hendelse eller episode i den spanske læringsprosessen som gjorde deg nervøs eller som du ikke likte, og beskriv følelsen din så detaljert som mulig.
Describe a specific event or episode in your Spanish learning that has caused you anxiety, or you did not like, and describe your feelings about it as detailed as possible. Det er ikke noen som har gjort meg nervøs

14. Har lærerne dine negativt eller positivt påvirket disse episodene av glede/nervøsitet? Forklar svaret ditt.
Have your teachers negatively or positively influenced these episodes of enjoyment and anxiety? Please explain and justify your answer. Læreren er altid positive uansett og hun er altid glad. Og hun forklarer bra og er positiv i alle disse siutvasjonene

Takk for hjelpen!

Cuestionario piloto B

UNDERSLKELSE: Lære spansk språk

Jeg har blitt informert om temaet av denne studien og samtykker villig til å delta i den. Jeg forstår at jeg når som helst kan trekke meg fra studien. Kryss av i boksen _____

DEL/ SECTION 1

1. Hvor gammel er du?
What is your age?

   _17   x_18   _19   _20   _20+

2. Hvilket kjønn identifiserer du deg som?
What gender do you identify as?

   1. _Female/ hunkjønn
   2. Male/ hankjønn
   3. _Custom (please specify)/ Ikke definert kjønn_____
   4. _Prefer not to say/ Foretrekker å ikke si_____

3. Hva er din videregående skole?
What high school do you attend?

4. Hvor mange språk er du i stand til å snakke flytende?
How many languages are you capable of speaking fluently?

   _1   _2   x_3   _4   _4+

5. Hvor mange måneder hadde du spansk digital undervisning i løpet av koronapandemien?
How many months did you have remote Spanish classes during the Corona pandemic?

   _6 måneder   x_9 måneder   _12 måneder

6. Hvilken karakter fikk du i spansk forrige skoleår?
What grade did you get in your Spanish class last school year?

   1   2   x_3   _4   _5   _6

---

7. Hvordan vil du beskrive din mestring av det spanske språket?
How would you describe your mastery of the Spanish language?

    _beginner   _low intermediate   x_intermediate
    _high intermediate   _ advanced

8. Hvor ofte øver du på å snakke spansk i klassen din?
How often do you practice speaking Spanish in your class?

    _never   _hardly never   _sometimes   x _ often   _ always

9. Hvor ofte øver du på å snakke spansk utenfor klasserommet?
How often do you practice speaking Spanish outside of the classroom?

    _never   x_hardly never   _sometimes   _ often   _ always

DEL/ SECTION 2

10. How much do you agree with the following statements?

Foreign Language Enjoyment Scale	strongly disagree	disagree	undecided	agree	strongly agree
1. I am proud of my accomplishments in the Spanish class			X		
2. I enjoy learning Spanish			X		
3. It's fun to learn Spanish			X		
4. There is a good atmosphere in our Spanish class					X
5. We form a tight group					X
6. We laugh a lot in the Spanish class				X	X
7. My Spanish teacher is encouraging					X
8. My Spanish teacher is friendly					X
9. My Spanish teacher is supportive					X

DEL/ SECTION 3

11. How much do you agree with the following statements?

Foreign Language Enjoyment Scale	strongly disagree	disagree	undecided	agree	strongly agree
1. Even if I am well prepared for Spanish class, I feel anxious about it				X	
2. I always feel that the other students speak Spanish better than I do	X				
3. I can feel my heart pounding when I'm going to be called on in Spanish class			X		
4. I don't worry about making mistakes in Spanish class				X	
5. I feel confident when I speak Spanish in class			X		
6. I get nervous and confused when I am speaking in my Spanish class				X	
7. I start to panic when I have to speak without preparation in my Spanish class				X	
8. It embarrasses me to volunteer answers in my Spanish class				X	

Åpne spørsmål

DEL/ SECTION 4

Du skal svare på spørsmål som er formulert på norsk og engelsk. Svar på det språket
som du foretrekker.
You are going to answer questions that are formulated in Norwegian and English.
Answer in the language that is most comfortable for you.

12. Fortell om en konkret hendelse eller episode i den spanske læringsprosessen som
du virkelig likte, og beskriv følelsen din så detaljert som mulig.
Describe a specific event or episode in your Spanish learning that you really enjoyed
and describe your feelings about it, as detailed as possible.
En hendelse jeg husker godt eller likte godt er når jeg får ros av <Datos eliminados
para la revisión por pares>. Hun er veldig flink til å si ifra når vi gjøre noe bra. Så det
var en gang I begynnelsen av året I år at hun hadde skrytt av meg til lærere og til meg
personlig. Og det er en god motivasjon.

13. Fortell om en konkret hendelse eller episode i den spanske læringsprosessen som
gjorde deg nervøs eller som du ikke likte, og beskriv følelsen din så detaljert som
mulig.
Describe a specific event or episode in your Spanish learning that has caused you
anxiety, or you did not like, and describe your feelings about it as detailed as possible.
Det var en gang I første klasse hvor David ba oss om å snake høyt eller fremføre en
oppgave vi fikk jobbet med I 15 minutter og det syntes jeg ikke var så gøy. Jeg må
ha god tid til å organisere meg sånn at det blir bra go at jeg føler jeg kan bli fornøyd

14. Har lærerne dine negativt eller positivt påvirket disse episodene av glede/nervø-
sitet? Forklar svaret ditt.
Have your teachers negatively or positively influenced these episodes of enjoyment
and anxiety? Please explain and justify your answer.
Det er både negativt og positivt.

Takk for hjelpen!

Cuestionario piloto C

UNDERSLKELSE: Lære spansk språk

Jeg har blitt informert om temaet av denne studien og samtykker villig til å delta i den. Jeg forstår at jeg når som helst kan trekke meg fra studien. Kryss av i boksen _____

DEL/ SECTION 1

1. Hvor gammel er du?
What is your age?

      _17   _18   _19   _20   x_20+

2. Hvilket kjønn identifiserer du deg som?
What gender do you identify as?

    1. _Female/ hunkjønn
    2. x_Male/ hankjønn
    3. _Custom (please specify)/ Ikke definert kjønn_____
    4. _Prefer not to say/ Foretrekker å ikke si_____

3. Hva er din videregående skole?
What high school do you attend?

4. Hvor mange språk er du i stand til å snakke flytende?
How many languages are you capable of speaking fluently?

    _1   x_ 2   _3   _4   _4+

5. Hvor mange måneder hadde du spansk digital undervisning i løpet av koronapandemien?
How many months did you have remote Spanish classes during the Corona pandemic?

    _6 måneder   _9 måneder   x_ 12 måneder

6. Hvilken karakter fikk du i spansk forrige skoleår?
What grade did you get in your Spanish class last school year?

    x_1   _2   _3   _4   _5   _6

7. Hvordan vil du beskrive din mestring av det spanske språket?
How would you describe your mastery of the Spanish language?

　　_beginner　　_low intermediate　　x_intermediate
　　_high intermediate　　_ advanced

8. Hvor ofte øver du på å snakke spansk i klassen din?
How often do you practice speaking Spanish in your class?

　　_never　　_hardly never　　x_ sometimes　　_ often　　_ always

9. Hvor ofte øver du på å snakke spansk utenfor klasserommet?
How often do you practice speaking Spanish outside of the classroom?

　　x_ never　　_hardly never　　_sometimes　　_ often　　_ always

DEL/ SECTION 2

10. How much do you agree with the following statements?

Foreign Language Enjoyment Scale	strongly disagree	disagree	undecided	agree	strongly agree
1. I am proud of my accomplishments in the Spanish class	X				
2. I enjoy learning Spanish		X			
3. It's fun to learn Spanish			X		
4. There is a good atmosphere in our Spanish class			X		
5. We form a tight group		X			
6. We laugh a lot in the Spanish class	X				
7. My Spanish teacher is encouraging				X	
8. My Spanish teacher is friendly					X
9. My Spanish teacher is supportive					X

DEL/ SECTION 3

11. How much do you agree with the following statements?

Foreign Language Enjoyment Scale	strongly disagree	disagree	undecided	agree	strongly agree
1. Even if I am well prepared for Spanish class, I feel anxious about it					X
2. I always feel that the other students speak Spanish better than I do					X
3. I can feel my heart pounding when I'm going to be called on in Spanish class				X	
4. I don't worry about making mistakes in Spanish class		X			
5. I feel confident when I speak Spanish in class	X				
6. I get nervous and confused when I am speaking in my Spanish class		X			
7. I start to panic when I have to speak without preparation in my Spanish class		X			
8. It embarrasses me to volunteer answers in my Spanish class		X			

Åpne spørsmål

DEL/ SECTION 4

Du skal svare på spørsmål som er formulert på norsk og engelsk. Svar på det språket som du foretrekker.

You are going to answer questions that are formulated in Norwegian and English. Answer in the language that is most comfortable for you.

12. Fortell om en konkret hendelse eller episode i den spanske læringsprosessen som du virkelig likte, og beskriv følelsen din så detaljert som mulig.

Describe a specific event or episode in your Spanish learning that you really enjoyed and describe your feelings about it, as detailed as possible.

I VG1 fikk jeg en liten aha opplevelse I form av at jeg endelig skjønte hvordan verbene skulle bøyes på spansk. Jeg kan også trekke frem den gang jeg hadde en liten samtale med en spansktalende.

13. Fortell om en konkret hendelse eller episode i den spanske læringsprosessen som gjorde deg nervøs eller som du ikke likte, og beskriv følelsen din så detaljert som mulig.

Describe a specific event or episode in your Spanish learning that has caused you anxiety, or you did not like, and describe your feelings about it as detailed as possible.

Hver gang jeg skal ha prøve I spansk så kniper det veldig I magen fordi jeg ikke føler meg forberedt og jeg føler at jeg henger langt bak.

14. Har lærerne dine negativt eller positivt påvirket disse episodene av glede/nervøsitet? Forklar svaret ditt.

Have your teachers negatively or positively influenced these episodes of enjoyment and anxiety? Please explain and justify your answer.

Læreren har ikke prøvd å være noe annet enn positiv I disse situasjonene, det ligger nok en del på meg.

Takk for hjelpen!

Anexo 3. Solicitud de participación en el cuestionario del estudio

Invitasjon til deltakelse / Solicitud de participación en el cuestionario del estudio: «Nervøsitet og glede i spanskundervisningen på Vgs»

[información omitida por confidencialidad] og studerer en [información omitida por confidencialidad]. Jeg studerer ved [información omitida por confidencialidad].

Jeg ønsker å invitere deg til å delta i et forskningsstudium. Før du bestemmer deg for om du vil delta, eller ikke, er det viktig for deg å forstå hvorfor denne forskningen gjøres og hva den vil innebære. Ta deg tid til å lese følgende informasjon nøye. I dette skrivet gir jeg deg informasjon om målene for prosjektet og hva deltakelse vil innebære for deg.

Formål: Målet med denne studien er å undersøke opplevelsen av glede og nervøsitet i læringsprosessen til norske videregående elever i spanskundervisningen, og å undersøke hvordan lærerne påvirker denne prosessen.

Visse kontekster favoriserer følelser, som er tilfellet med å lære et fremmedspråk, der hver elevs prestasjoner kan bedømmes av læreren og resten av klassekameratene. I noen år nå har forskning på negative følelser, som nervøsitet, vært gjenstand for mange studier innen lingvistikk. Imidlertid har positive følelser, knyttet til undervisningen i klasserommet, blitt mindre studert. Det er bevis for at det å forsterke positive følelser, som glede, hjelper utviklingen av kognitive prosesser i språklæring.

Som spansklærer i Norge, og student ved [información omitida por confidencialidad] vil jeg gjerne lage en undersøkelse om nervøsitet og glede i spanskundervisningen på vgs. Dette er en del av min mastergradsoppgave.

Hvem er ansvarlig for forskningsprosjektet?

[información omitida por confidencialidad]

Hvorfor får du spørsmål om å delta?

Denne undersøkelsen sendes til Vg2- og Vg3-elever ved private skoler hvor elevene har tilsvarende sosioøkonomisk og kulturelt nivå for å få et mest mulig homogent utvalg.

Hva innebærer det for deg å delta?

Dataene fra denne forskningen vil bli samlet inn i et spørreskjema som består av en demografisk dataseksjon: alder, kjønn, vgs, kurs og antall språk som deltakerne snakker. I neste del er det 9 elementer som beskriver glede og 8 elementer som beskriver nervøsitet. Spørreskjemaet avsluttes med tre åpne spørsmål hvor du skal fortelle om episoder med nervøsitet og glede, og hvordan lærerne dine har påvirket disse følelsene.

Det er frivillig å delta:

Det er frivillig å delta i prosjektet. Hvis du velger å delta, kan du når som helst trekke samtykket tilbake uten å oppgi noen grunn. Alle dine personopplysninger vil da bli slettet. Det vil ikke ha noen negative konsekvenser for deg hvis du ikke vil delta eller senere velger å trekke deg

Deltakelse i denne undersøkelsen vil ikke påvirke ditt forhold til skolen/lærer og det er ikke en del av undervisningsprosessen.

Anexo 4

a. Informert samtykke / Información relevante
    sobre el consentimiento informado

— Deltakelse i denne studien vil ikke skade deltakeren fra et medisinsk eller aka-demisk synspunkt.
— Denne studien er kun for forskningsformål, og dataene som samles inn, vil ikke bli brukt til diagnostiske eller kliniske formål.
— Ingen data publisert som et resultat av studien vil avsløre identiteten til deltakeren.
— Bruken av dataene til deltakerne for den endelige studien vil til syvende og sist avhenge av de ansvarlige forskerne, som kanskje ikke blir inkludert av tek-niske årsaker eller andre spesifikke omstendigheter.
— Ethvert spørsmål om studiet, teknikken som er brukt, eller formålet, kan stil-les når som helst.
— Forskerne eller lederne ved [por motivos de confidencialidad, el nombre de la institución ha sido omitido] vil informere deltakeren om alt det ovennevnte og alle andre bemerkelsesverdige data eller hendelser.
— Forskerne eller lederne ved [por motivos de confidencialidad, el nombre de la institución ha sido omitido] vil be om ditt samtykke før studiestart.

b. Autorisasjon for behandling av personopplysninger /
    Autorización para el tratamiento de datos personales

I samsvar med bestemmelsene i den generelle databeskyttelsesforordningen, rapporteres det at de oppgitte dataene vil bli behandlet av [por motivos de con-fidencialidad, el nombre de la institución ha sido omitido] heretter [por motivos de confidencialidad, el nombre de la institución ha sido omitido], med adresse på [información omitida por condifencialidad], telefonnummer [información omi-tida por condifencialidad] og e-post [información omitida por condifencialidad], kontaktdetaljer for databeskyttelsesansvarlig: [información omitida por condifencialidad]. Personopplysninger vil bli behandlet for å behandle og administrere din deltakelse i forskningsprosjektet.

På samme måte, med mindre følgende boks er merket, kan dataene brukes til å sende informasjon elektronisk av tjenester, aktiviteter og arrangementer utviklet av universitetet.

Opplysningene vil bli behandlet på grunnlag av ditt samtykke, og det er ikke obligatorisk å gi disse, i så fall kan dine svar på undersøkelsen i forskningsprosjektet ikke benyttes videre. På samme måte, hvis du ikke uttrykker ditt samtykke til videreføring av kommersiell kommunikasjon eller motsetter deg dette, vil du ikke få informasjon om undersøkelsen benyttes til slike formål. Dine data vil bli behandlet konfidensielt og vil ikke bli overført unntatt til den offentlige forvaltningen i tilfellene fastsatt i loven og for formålene som er definert der.

Formidling og publisering av forskningsprosjektet vil bli utført med respekt for deltakernes identitet og konfidensialitet.

Du har rett til å be om tilgang til dine personopplysninger, korrigering eller sletting av dem, samt begrensning av behandlingen, for å motsette deg det og at de brukes til andre formål. I tilfelle eventuelle brudd på rettighetene dine, kan du sende inn et krav til det spanske datatilsynet.

I tilfelle at personopplysningene til en tredjepart er oppgitt, er det eneansvaret til den personen som tidligere har innhentet samtykke om at dataene deres skal behandles av [información omitida por confidencialidad]. Denne tredjepersonen må ha blitt informert om alt som står i artikkelen 13 i den generelle databeskyttelsesforordningen.

Etter å ha lest det foregående, ERKLÆRER JEG at jeg har blitt behørig informert om detaljene i studien jeg skal delta frivillig i, og at jeg har hatt muligheten til å få svar på eventuelle spørsmål angående studien.

Forsker: [información omitida por confidencialidad]
Veileder: [información omitida por confidencialidad]

Hva skal jeg gjøre hvis jeg vil delta?
Hvis du ønsker å delta i denne studien, kan du sende en signert kopi av samtykkeskjemaet til [información omitida por confidencialidad]

c. Samtykkeskjema / Formulario de consentimiento

Tittel på prosjektet:
Forsker: [información omitida por confidencialidad]

Skriv dine initialer(forbokstaver) i boksen til høyre.

1. Jeg bekrefter at jeg har lest og forstått informasjonsarket datert _____ september 2022 for ovennevnte studie. Jeg har hatt muligheten til å vurdere informasjonen, stille spørsmål og har fått disse spørsmålene besvart på en tilfredsstillende måte

2. Jeg forstår at min deltakelse er frivillig, og at jeg når som helst står fritt til å trekke meg fra prosjektet uten å gi noen grunn og uten negative reaksjoner.

3. Jeg forstår at de identifiserbare dataene som gis, vil bli lagret og tilgjengelige bare for medlemmene av forskerteamet som er direkte involvert i prosjektet, og at konfidensialitet vil bli opprettholdt

4. Jeg forstår at de fullt anonymiserte dataene mine vil bli brukt i en rapport eller en webside, som vil oppsummere funnene fra prosjektet.

5. Jeg er enig i å delta i studien ovenfor.

Deltakers navn	Dato	Deltakers underskrift
_____	_____	_____
Forskers navn	Dato	Forskers underskrift
_____	_____	_____

Anexo 5. Frecuencia de temas y códigos en los comentarios de los participantes sobre episodios de disfrute y de ansiedad

Tema y categoría a la que pertenece	Frecuencia	Códigos	Frecuencia
Logro alcanzado (FLE – fuente interna del alumno)	65	Desempeño en actividades y evaluaciones	20
		Dominio L2	15
		Sentir alegría	12
		Sentirse orgulloso de superar sus límites	11
		Alto rendimiento lingüístico	7
Tipo y contenido de las actividades de clase (FLE – fuente profesor)	38	Temas de interés	10
		Juegos divertidos y motivadores	8
		Actividades relacionadas con el entretenimiento	8
		Competición	6
		Otras actividades	5
		Juego de rol	1
Trabajo en grupo (FLE – fuente grupo)	27	Hablar o debatir en grupos o parejas en grupo	7
		Aprender juntos	6
		Colaboración	5
		Sentirse seguro trabajando en grupo	5
		Diversión en grupo	4
Destrezas del profesor (FLE – fuente profesor)	9	Divertido	4
		Retroalimentación constructiva	3
		Amabilidad del profesor	1
		Contenidos didácticos	1
Lograr un aprendizaje significativo (FLE – fuente interna del alumno)	6	Uso práctico de L2 en actividades de clase	6

Tema y categoría a la que pertenece	Frecuencia	Códigos	Frecuencia
Superar pruebas y exámenes (FLE – fuente interna del alumno)	3	Superar evaluación oral o escrita	3
Hablar en clase sin temor (FLE – fuente interna del alumno)	2	Poder hablar en clase sin preparación previa	1
		Poder hablar en clase sin material de apoyo	1
		Poder hablar en clase tras	4
Ansiedad producida por tener que hablar en clase (FLCA – fuente interna del alumno)	73	Sentirse obligado a participar en actividades orales	17
		Estar nervioso	16
		Hablar ante la clase sin preparación previa	13
		Miedo al fracaso	13
		Sentirse inseguro	12
		Hablar ante la clase sin material de apoyo	2
Características del profesor que provocan ansiedad (FLCA – fuente profesor)	37	Actividades específicas desafiantes	10
		Inflexibilidad del profesor	10
		Imprevisibilidad del profesor	8
		Corrección frente a la clase	7
		Problemas de comunicación en la clase que afectan el proceso de enseñanza	2
		Retroalimentación poco constructiva	1
Logro no alcanzado (FLCA – fuente interna del alumno)	17	Bajo rendimiento	4
		Dificultades en el aprendizaje de L2	1
		Mal desempeño en actividades y evaluaciones	7
		No entender al profesor en la L2	5

Tema y categoría a la que pertenece	Frecuencia	Códigos	Frecuencia
Ansiedad a no superar pruebas y exámenes (FLCA – fuente interna del alumno)	9	Evaluación oral o escrita	9
Presión de los compañeros (FLCA – fuente grupo)	6	Ansiedad provocada por el buen desempeño de los compañeros	6

Se terminó de imprimir este libro
el día 5 de octubre de 2025,
en los talleres gráficos
de Podiprint